西安航空职业技术学院高水平高职学校建设案例集

（第一卷）

XI'AN HANGKONG ZHIYE JISHU XUEYUAN
GAOSHUIPING GAOZHI XUEXIAO JIANSHE ANLIJI
(DI-YI JUAN)

秦伟艳 著

图书在版编目(CIP)数据

西安航空职业技术学院高水平高职学校建设案例集.
第一卷/ 秦伟艳著. —西安:西安交通大学出版社,2023.3
 ISBN 978-7-5693-3076-2

Ⅰ.①西… Ⅱ.①秦… Ⅲ.①高等职业教育-学校管理-案例-汇编-西安 Ⅳ.①G718.5

中国国家版本馆CIP数据核字(2023)第008398号

书　　名	西安航空职业技术学院高水平高职学校建设案例集(第一卷)
著　　者	秦伟艳
策划编辑	曹　昳
责任编辑	杨　璠
责任校对	魏　萍
出版发行	西安交通大学出版社 (西安市兴庆南路1号　邮政编码 710048)
网　　址	http://www.xjtupress.com
电　　话	(029)82668357　82667874(市场营销中心) (029)82668315(总编办)
传　　真	(029)82668280
印　　刷	西安五星印刷有限公司
开　　本	720 mm×1000 mm　1/16　印张 12　字数 283千字
版次印次	2023年3月第1版　2023年3月第1次印刷
书　　号	ISBN 978-7-5693-3076-2
定　　价	168.00元

如发现印装质量问题,请与本社市场营销中心联系。
订购热线:(029)82665248　(029)82667874
投稿热线:(029)82668804
读者信箱:phoe@qq.com

版权所有　侵权必究

西安航空职业技术学院
中国特色高水平高职学校和专业建设计划

系列丛书编委会

主任委员 周 岩 张敏华

委　　员 杨建勋　王宏斌　郭红星　邓志博　侯晓方
　　　　　　陈 荷　龚小涛　张 俊　王宏军　张 超
　　　　　　叶 婷　王 波　史小英　韩银锋　王 颇
　　　　　　李永锋　刘志武　高北雄

本卷编委会

本卷主委 秦伟艳

本卷编委 张 超　叶 婷　马 晶　马海国　吴 冬
　　　　　　王朋飞　洪云飞　王 凡　赵向杰　康 卉

目 录

第一部分 "双高"交流材料 ………………………………… 1

西安航空职业技术学院"双高计划"建设研讨会交流材料 ……… 3
  一、方案的特色与亮点 ……………………………………… 3
  二、方案编制存在问题与解决措施 ………………………… 4
  三、共同研讨问题 …………………………………………… 5

西安航空职业技术学院 2020 年（含 2019 年）"双高计划"建设任务推进情况交流材料 ……………………………………………………… 6
  一、基本情况 ………………………………………………… 6
  二、实施推进情况 …………………………………………… 7
  三、面临的问题与解决措施 ……………………………… 11

勇立潮头谋新篇 奋楫扬帆再起航——在西航职院"政军行企校"五方共建"双高校"推进会上的讲话 ……………………………… 12
  一、什么是"双高"？（"双高"的再认识） ……………… 12
  二、为什么要争"双高"？（"双高"之于学校的现实意义） …… 14
  三、怎样去建设"双高"？（"双高"之于学校的发展要求） …… 15
  四、学校"双高"建设推进情况 …………………………… 17

阎良区政府领导在西安航空职业技术学院"政军行企校"五方共建"双高校"推进会上的讲话 ……………………………………… 21

陕西省委教育工委领导在西安航空职业技术学院"政军行企校"五方共建"双高校"推进会上的讲话 ……………………………… 24

以更大的勇气和智慧奋力推进"双高校"建设——在"中国特色高水平高职学校和专业建设计划"推进会上的讲话 …………… 26

 一、始终坚持党的领导,把党的建设作为建设"双高校"的根本保障 ………………………………………………………………… 27

 二、始终坚持"三融战略",把探索举办职教本科作为推进追赶超越的更高目标 ………………………………………………… 28

 三、始终坚持深化改革,把机制创新作为谱写追赶超越新篇章的不竭动力 ……………………………………………………… 29

 四、始终坚持弘扬"西航精神",把增强文化自觉作为凝心聚力、加快发展的重要引擎 ……………………………………… 30

"双高计划"建设学校加强党的建设及提升治理能力研讨会交流材料 ………………………………………………………………… 32

 一、加强党的建设方面 ……………………………………… 32

 二、落实相关文件精神方面 ………………………………… 33

 三、提升治理水平方面 ……………………………………… 34

守正笃实 日新其力 在"双高"建设中聚力立德树人——西部"双高计划"建设研讨会交流材料 ……………………………… 36

 一、抓关键,确保"双高"建设行稳致远 ………………… 36

 二、谋协同,推进"三全育人"破题落地 ………………… 37

 三、强阵地,力促意识形态守正创新 ……………………… 38

 四、筑堡垒,推动基层党建固本培元 ……………………… 39

立梁架柱 建章立制 无人机应用技术国家高水平专业群推进路径探索与思考——西部"双高计划"建设研讨会交流材料 …… 41

 一、战略目标:一流引领,对标对表 ……………………… 41

 二、主动作为:夯基垒台,攻坚突破 ……………………… 43

 三、强化保障:目标导向,绩效考核 ……………………… 44

四、深入思考：抱团取暖，共解难题 ············· 44

第二部分 "双高"建设绩效大案例 ············· 45

"坚守初心终不改，航空报国志不渝"——西航职院"11224"党建工作模式 ············· 47

一、"1"种文化——以"西航精神"为核心的航空文化 ········· 47

二、"1"个体系——基于党政同步同行的"大党建"考核保障体系 ············· 49

三、"2"支队伍——一支西航"铁军"、一支高水平人才队伍 ············· 50

四、"2"融促进——党建、业务"两融和"，双提升 ········· 51

五、"4"化支撑——"规范化建设、标准化落地、信息化支撑、品牌化发展" ············· 52

"三融战略"引领 五方协同育人 聚力打造航空职业教育标杆 ········· 54

一、坚持战略领航，系统谋划发展方向 ············· 54

二、落实五方共育，高效聚集发展动力 ············· 55

三、推进四个专项，打造航空技术技能人才培养高地 ········· 57

高端集聚引智精育 打造航空特色高水平师资队伍 ········· 61

一、师德为先 强化考核 筑牢立德树人根基 ········· 61

二、立体多元 精准培养 实施教师成长工程 ········· 62

三、高端引领 引育并重 加强人才队伍建设 ········· 64

四、顶层规划 创新驱动 深化人事制度改革 ········· 65

"一体两翼四融合"产学研用同频共振 ············· 68

一、建机制，探索校企一体新路子 ············· 68

二、搭平台，推动校企同步新跨越 ············· 69

三、促融合,实现技术服务与社会培训新突破 …………… 69

两航齐追蓝天梦　五方共育航修人 …………………………… 73
　　一、融合发展新格局 ……………………………………… 73
　　二、创新管理新机制 ……………………………………… 75
　　三、探索发展新路径 ……………………………………… 78

理念引领　平台支撑　创新发展　打造航空维修与制造创新服务平台 ……………………………………………………………… 79
　　一、政校企联动建设航空维修工程技术中心 …………… 80
　　二、产教研共融建设飞机制造工程技术中心 …………… 80
　　三、政校企联动建成航空维修、飞机制造工程技术中心 … 81
　　四、产教研共融建成飞机制造工程技术中心 …………… 83

科技引领　以虚助实　构建理—虚—实一体化飞机外场维护虚拟仿真实训中心典型案例 ………………………………………… 85
　　一、科技引领,以虚助实,破解教育、教学难题,建设实训中心
　　　　…………………………………………………………… 85
　　二、名师引领,紧跟实训中心建设,打造高水平教学团队 …… 89
　　三、全面推进虚拟仿真实训教学模式创新 ……………… 90

突破创新　打造航空特色国家级职业教育教学创新团队 …… 91
　　一、机制创新　协同运行　共建教学创新团队 ………… 91
　　二、师德为先　课程为要　深化教育教学改革 ………… 94
　　三、校企互培　协同发展　提升团队服务水平 ………… 96

创新实践　构建"标准贯通、课证融通、三段交替"的军民两用航空维修人才培养模式 ………………………………………… 98
　　一、对接产业、目标导向,明确飞机机电设备维修专业群人才培养定位 ……………………………………………………… 98
　　二、构建"标准贯通、课证融通、三段交替"的军民两用航空维修

   人才培养模式 …………………………………………… 99
  三、推行"1＋X"证书制度，开发"课证融通"的专业课程 …… 101
  四、践行"军民两用"人才培养模式，专业群建设成果丰硕 ……
   ………………………………………………………… 101

基于军民融合的"三元三段三融"定向军士人才培养模式改革与实践案例 …………………………………………………………… 104
  一、主动服务军民融合战略，成立西航军士学院 ………… 104
  二、以部队军技改革需求为导向，培养工匠型军士人才 …… 105
  三、传承航空维修"军工基因"，定向军士培养成效显著 …… 114

"三位一体"助力教学能力提升 …………………………………… 120
  一、总结提炼"三步两意"保质量、"四有三多"铸金课的在线教学设计方案 …………………………………………………… 120
  二、探索了"面上平行、点上发力、温故知新、梯式提升"的教学实施策略 …………………………………………………… 123
  三、提出了"资源为基、应用为本、技能为纲、创新为要"的教学设计理念 …………………………………………………… 125
  四、落实了"教研相长"齐并进、"十面反思"促发展的方案 … 126

基于人才培养与技术服务同频共振战略高职产业学院的建设 ……
 …………………………………………………………………… 127
  一、以人才培养与技术服务同频共振战略共建产业学院 … 127
  二、建设路径研究 ………………………………………… 127
  三、建设成效 ……………………………………………… 131

集群发展 协同推进 无人机应用技术专业群人才培养 …… 133
  一、搭建平台，共筑高地，打造"人才共育、技术共研、培训共担"的校企共同体 …………………………………………… 133
  二、分层培养，岗位轮训，创新育人和专业建设模式 ……… 135

三、建设成效 …… 137

技教融合：基于现代学徒制的航测专业人才培养模式构建与实践 …… 140
 一、构建技术服务与人才培养融合平台 …… 140
 二、推行现代学徒制，构建校企协同育人机制 …… 143
 三、"二维四步五析"，校企"双元"开发教学资源 …… 145
 四、创新点 …… 146

技能引领，乐学创新型无人机应用技术专业群（机电设备方向）实践教学课程体系建设与实践 …… 149
 一、实践教学课程体系建设整体情况 …… 149
 二、实践教学课程体系的特色与创新 …… 154
 三、实践教学课程体系实践成效 …… 155

顶层设计 书证融通 "三教"改革深化试点改革工作 …… 157
 一、健全组织管理体系，完善"1+X"体制机制 …… 157
 二、对接高端产业岗位，提高"1+X"建设标准 …… 157
 三、坚持书证融通改革，完善"1+X"培养方案 …… 158
 四、不断深化"三教"改革，支撑"1+X"质量建设 …… 159
 五、持续开展职业培训，突出"1+X"培训效果 …… 160

第三部分 "双高"建设绩效小案例 …… 163

党建引领 凝聚合力 …… 165
五育并举 标准引领 机制创新 试点先行 …… 166
双高建设乘风破浪 科研成果再创新高 …… 168
"四齿联动" 打造无人机应用技术专业群 …… 169
立体多元 精准培养 实施教师成长工程 …… 171

"一体两翼三平台" 打造示范性职教集团 …………………… 173

依托优势　拓宽面向　加强培训　服务发展 …………………… 175

业绩导向　两级考核　激发内生动力 …………………………… 176

构建"33335"教育信息化建设与应用体系 ……………………… 177

突出国际合作交流　服务航空人才培养 ………………………… 178

构建"三元三段三融"定向军士人才培养模式 ………………… 179

第一部分

"双高"交流材料

西安航空职业技术学院"双高计划"建设研讨会交流材料

(2020年4月25日)

西安航空职业技术学院"中国特色高水平高职学校和专业建设计划"(以下简称"双高计划")建设方案和任务书编制过程中,始终贯彻《国家职业教育改革实施方案》《教育部 财政部关于实施中国特色高水平高职学校和专业建设计划的意见》等文件精神,立足行业特色和区位优势,找准定位,重点体现改革的思想,在提升技术技能人才培养质量上下功夫,坚持产学研用同台共振,为高等职业教育增值赋能,发挥"双高"院校的示范引领作用。

一、方案的特色与亮点

建设方案的建设目标设计、推进举措与方法等,符合建设要求,契合学校实际;建设进度安排合理,年度完成任务明确;预期成效指标可达成、可测量、可跟踪;推进举措得力,可操作性较强;经费预算分解到具体项目,便于执行,保障措施可行。

用一句话概括学校的方案:"两航齐追蓝天梦,五方共育航修人。"即面向军航和民航领域,紧跟航空行业产业转型升级和新技术新要求,通过"政军行企校"五方协同培育航空维修方面的高素质技术技能型人才。

(一)提质量——两群聚力共铸人才

集五方合力,打造飞机机电设备维修和无人机应用技术专业群,为C919、ARJ21等国产大飞机和空军高新装备培养"医护人员",国产大飞机飞到哪,我们培训的人才和教学资源就跟到哪。为植保、物流、巡线等行业的升级赋能培养"无人机+"应用的复合型技术技能人才。

(二)增效能——产学研用同台共振

统筹五方资源,立足"航空基地",打造技术技能创新服务平台,实现科技攻关、技术推广、英才培养等功能,服务区域中小微企业技术革新,助力航空产业发展。与西飞公司等航空龙头企业共建培训基地,开展C919维修等技术技能培训、航空文化育人服务。

(三)创高地——根植航空立德树人

落实立德树人根本任务,加强航空职业素养与职业精神的融合,厚植学生敬业乐业、航空报国的职业情怀,培养学生精益求精、追求卓越的工匠精神。培养一批产业急需、德技并修的技术技能人才,将学校建成航空特色鲜明的杰出技术技能人才培养高地。

二、方案编制存在问题与解决措施

(一)两个专业群与学校方案的对接问题

在编制"双高计划"建设方案和任务书时,两个重点专业群的建设任务和目标对于学校方案是重要支撑,而经费又要分开,不能重复。故编制过程中,学校方案和专业群方案的任务和经费需要精准对接。

学校项目组在编制过程中,各分项目组在申报方案的基础上,修订建设方案,编制任务书。由项目办统一汇总,分析指标变化,提出修改建议,编制学校任务与重点专业群任务对应表,从而明确学校任务中需要其他专业群承接的任务。然后针对任务编制经费预算,从而避免同一个任务在学校和专业群方案中重复预算经费的问题。

(二)量化的建设任务指标的标线问题

作为高水平学校立项建设单位,年度考核和2024年验收要求都比较高,所有量化的建设任务指标,考核和验收时都要逐一兑现,特别是国家层面的指标。

学校在编制"双高计划"建设方案与任务书的过程中,按照"实事求是、任务不减"的大原则设计,按照"跳起来能够着"的标准设计绩效标线,确定绩效目标的度。各分项目组充分分析校内外情况,本校"优"则绩效目标"提",如双创大赛国家级奖项提高2项;有的任务外部环境发生变化,如技能大赛变为两年一次,则降低目标值。绩效目标设置时均设置最低值(大于或等于某值),实际执行中某些建设任务量大于任务书中的任务量。

(三)预算调整问题

申报时按照央省财政投入2.4亿元进行预算,而按照目前的投入,省财资金按照1∶1配套,央省给学校的投入共计1亿元。而按照央省要求,预算编制按照"实事求是、投入不降"的原则开展,需要对经费进行整体调整和预算。央省投入经费出现的差额由自筹经费补齐,进行调整。

三、共同研讨问题

(一)省财资金配套的问题

央省投入差额都需要学校自筹,导致学校自筹资金占到总资金的70%,加大了学校的资金压力。省财资金能否增加?

(二)设立"双高计划"重大子项目专项建设

建议由省教育厅统一谋划"双高计划"重大子项目的专项建设,统筹推进重大专项建设,并给予经费支持。

西安航空职业技术学院2020年(含2019年)"双高计划"建设任务推进情况交流材料

(2020年5月14日)

2019年12月,西安航空职业技术学院(简称"西航职院")被教育部、财政部确定为中国特色高水平高职学校和专业建设计划(简称"双高计划")的56所高水平学校建设单位之一(C类)。自确定之日起,学校即紧锣密鼓地开始筹划"双高计划"的落地实施。现将推进情况汇报如下。

一、基本情况

(一)建设思路

西航职院"双高计划"建设坚持创新驱动,服务航空强国战略,服务军民融合战略,促进航空产业转型升级,坚持学校改革与航空产业发展同向并行,与"中国航空城"发展同频共振。全力打造航空特色技术技能人才培养高地和技术技能创新服务平台,全力构建校企命运共同体,显著提升学校服务能力和国际影响力,将学校打造成为有航空特色、世界水平的高职学校。

在建设中立足行业特色和区位优势,重点体现改革的思想,在提升技术技能人才培养质量上下功夫,坚持产学研用同台共振。

用一句话概括,即"两航齐追蓝天梦,五方共育航修人"。即面向军航和民航领域,紧跟航空行业产业转型升级和新技术新要求,通过"政军行企校"五方协同培育航空维修方面的高素质技术技能型人才。

(二)建设目标

实施"3211"计划,即:坚持"三融战略",打造2个航空特色高水平专业群,打造1个技术技能创新服务平台,创建1个国家级航空职业教育改革试验区,全力打造杰出技术技能人才培养高地,成为航空特色世界水平职业教育"标杆校"。

(三)建设内容与资金投入

西航职院"双高计划"建设任务对标《国家职业教育改革实施方案》(职教20条)、《教育部 财政部关于实施中国特色高水平高职学校和专业建设计划的意见》(教职成〔2019〕5号)等文件要求,并兼顾职教本科的标准,包括"一加强、四打造、五提升"10大重点任务和1个特色任务共11项任务。第一阶段建设期自2019年到2023年,预算总投入为43000万元。其中,中央财政投入5000万元,省级财政统筹相关政策资金5000万元,行业企业支持1620万元,学校自筹31380万元。

二、实施推进情况

(一)优化结构

1. 健全与完善内部组织机构

学校以群建院,重组成航空维修工程学院、通用航空学院、自动化工程学院、人工智能学院、航空管理工程学院、航空制造工程学院、航空材料工程学院和汽车工程学院8个二级学院,集中优势资源,重点打造飞机机电设备维修和无人机应用技术2个重点专业群。

学校还成立了国际教育学院、通识教育学院、创新创业学院、军士学院、马克思主义学院5个特色学院,提升专项建设能力。为了服务"双高"建设,学校整合机构,成立现代职业教育研究院,提升学校职业教育研究能力;成立继续教育学院、西安市阎良区企业家培训学院、中德师资培训学院,加强学校对外培训服务能力。

2. 搭建五方共治平台

学校成立理事会,优化理事会议事规则和运行机制,发挥其咨询、协商、议事和监督作用。牵头组建陕西西安航空城职教联盟、陕西航空职业教育集团,吸纳多元投资主体,聚集陕西省政府、省军区动员局、"航空基地"、全国航空行指委、航空工业集团、中国航发集团、中国民用航空西北地区管理局、西北工业大学等各界力量,为构建高层次人才校企互聘、育人体系多方共建、中高职衔接、产学研用协同创新的"政军行企校"五方联动共建、共治、共享的体制机制搭建了平台。

(二)加强管理

1.加强组织领导

学校高度重视"双高计划"的推进工作,多次召开工作推进会。项目建设办公室组织牵头部门完善方案,明确目标任务,制订年度工作计划、经费预算等,层层发动,落实各项建设责任。并将"双高计划"建设任务融入党政工作的重点,写入了党政工作计划,将落实推进情况作为年度部门考核的重点。

2.落实执行团队

成立12个专项建设小组,实行负责人责任制。各牵头部门的领导为第一负责人,负责分解工作任务、落实到人、绩效考核等,推进建设工作。

3.落实月度推进

实行进度月报制度,各建设项目组每月末将项目进展情况、资金使用情况等报送"双高计划"项目办公室。"双高计划"项目办公室不定期推出简报,通报推进情况,目前已推出11期简报。

4.建立项目管理、目标责任制度

学校细化"双高计划"建设任务,分层确定项目责任,定期按任务点、目标点进行检查,并负责监控各项目的建设进度,确保所有项目有计划、有落实、有督促、有结果。

如实验实训室建设项目,建立项目建设库,规范建设流程,监控建设进度;课程资源建设统一征集,集体采购,分项执行。

5.建立科学评价标准,健全绩效考评机制

学校项目建设办公室正组织各专项建设小组,依据任务书的建设任务,梳理建设任务子项目,根据任务类别、完成要求等情况,制定评价标准体系,制定绩效考评办法。

6.开展宣传交流

西航职院充分发挥主流媒体和网络、微信等新媒体作用,开展形式多样、内容丰富,多层次、全方位的宣传活动,充分调动广大师生推进教育改革的积极性;积极建设本校"双高"建设网站,以期及时总结推出本校推进过程中的好做法、好经验和理论研究成果,发挥示范和带动作用。

(三)建设成效

自2019年"双高计划"申报以来,全校师生勠力同心,学校改革成效显著,多项改革成果取得突破性进展。

1.增值赋能,推进专业内涵建设

2019年学校被认定为国家"优质高等专科学校",飞机机电设备维修等7个骨干专业、航空制造工程中心等4个生产性实训基地、2个"双师型"教师培养培训基地、复合材料工程技术协同创新中心5个大项15个小项获得教育部认定。

学校摄影测量与遥感、汽车运用技术专业通过了教育部现代学徒制第二批试点验收。积极建设高等职业教育专业教学资源库,学校主持的"空中乘务"被确定为立项建设的国家级资源库。

在2019年全国职业院校技能大赛职业院校教学能力比赛中,获得高职组公共基础课程组一等奖,是该年度陕西省唯一一个获国家级一等奖的公共基础课程。学校共获得省级教学能力比赛一等奖1项、二等奖8项。

2."以赛促教",全面提高学生技能水平

学校积极承办省级、国家级大赛,推荐专家,参加各级赛项,大赛学生覆盖率在78%以上,达到了"以赛促教、以赛促学"的目的,且取得了优异的成绩。2019年,学校成功举办了"软件测试"全国职业院校技能大赛;连续四年获得"嵌入式技术与应用开发"赛项一等奖。

2019年,学校在全国职业院校技能大赛获奖等级、数量取得新的突破,共获全国奖项14项,其中一等奖2项、二等奖3项、三等奖9项,获奖数量居全国高职院校第14位。

学校在第五届中国"互联网＋"大学生创新创业大赛中获得国赛银奖1项、铜奖1项,省赛金奖4项;职教赛道省赛冠军"蚓清"项目获得国赛银奖,实现了陕西高职院校"互联网＋"大赛的历史突破。

3. 精准对接,加快推进智能型、生产性实验实训室建设

学校按照精准对接专业需求、突出生产性要求的原则,持续推进实验实训的建设,2019年,投入2700余万元,系统推进28个实验实训室项目的改造升级或建设,全面改进校内实验实训条件。

2020年,以航空维修工程技术中心和通用航空工程技术中心为主的人才培养与技术创新平台的实践基地建设正按期建设中,目前已完成7个项目共1100余万元的招投标工作。

4. 教学基础条件持续改善

学校基础设施进一步优化,总建筑面积2.6万平方米的航空实训教学大楼已交付使用。航空维修工程学院、航空管理工程学院、通用航空学院、培训学院迁入新址办公。国家发改委专项支持的1.5万平方米开放性公共技能实训基地已基本完成主体建设工程,2020年9月投入使用。

5. 其他成果

2019年,我校被遴选确定为教育部"人文交流经世项目"首批"经世国际学院"院校;获"2019亚太职业院校影响力50强"荣誉称号;"国家万人计划教学名师"张超教授带领的"飞机机电设备维修"专业团队被教育部遴选为"首批国家级职业教育教师教学创新团队";车美娟教授主持的"新时代高职思政课'一体两翼'教学模式探究"获批教育部人文社会科学"优秀团队建设和择优推广"项目立项;周鹏博士带领的"航空用轻合金精密成形技术创新团队"作为高职院校唯一团队成功入选首批陕西省高校青年创新团队。入选2020年智能制造领域中外人文交流人才培养基地项目首批筹建院校;"难变形材料复杂异形环件近净成形轧制变形协调研究与应用"获得2020年度陕西高等学校科学技术奖励成果三等奖;等等。

三、面临的问题与解决措施

(一)建设进度滞后

受疫情影响,"双高计划"任务书刚完成备案,2020年时间已过三分之一。但2020年的多数建设任务刚起步,较建设进度计划滞后。目前,学校教职工已全面复工,将尽最大努力确保项目如期完成。

(二)科技服务突破难度大

学校科研的整体水平较以前已经取得较大进步,但在实现科技成果转化的数量和经费到款额上还有较大提升空间。现已修订相应的制度,加大科研工作的奖励激励政策力度,依托大师工作室、省级科研创新团队等资源,集中精力在部分具备潜力的优势项目上进行攻关,加强与企业的合作,借助企业的人力、技术资源提升学校面向社会开展科技服务的能力和水平。

(三)产教融合深度不够

产教深度融合是职教改革的主线,学校还需主动对接行业企业发展的新技术、新要求、新规范,进一步深化"三教"改革,适应新时期职业教育变化带来的新要求。目前,学校结合"双高计划"建设以及"十四五"规划的编制等工作,开展企业行活动。由校党委书记、校长等班子成员亲自带队走进合作企业,推进学生实习与就业、教师挂职锻炼、企业实践基地建设等有关工作,夯实合作基础,加大合作力度。

勇立潮头谋新篇　奋楫扬帆再起航

——在西航职院"政军行企校"五方共建"双高校"推进会上的讲话

（2020 年 7 月 4 日）

各位嘉宾、同志们：

今天，我们在这里隆重召开西航职院"政军行企校"五方共建"双高校"推进会，是对学校"双高"工作的再部署、再推进。2019 年 12 月 18 日，"双高计划"建设项目正式公布，西安航空职业技术学院不辱使命，成功进入 56 所高水平高职学校立项建设单位名单，这是我们学校发展史上一件具有里程碑意义的大事，也是对我们广大教职员工辛勤耕耘的最好回报，是领导和专家以及社会各界对学校办学能力和水平的一致认可、对西航人励精图治的高度肯定，更是对我们引领国家航空职业教育发展的厚望和期盼。

成绩有目共睹，未来任重道远。我们可以短暂地沉浸在入选"双高校"的喜悦中，但也必须清醒地认识到，我们仅仅是跨入了"双高校"建设的门槛，距离"双高校"建设目标还有很大差距。"双高计划"每五年一个支持周期，实行总量控制、动态管理，年度评价、期满考核，有进有出、优胜劣汰。如果我们不努力拼搏，那么五年之后就有可能退出"双高校"队伍。所以，欣喜过后，我们更多的是要深入思考，怎么去建"双高"，怎么以西航方案、西航业绩支持中国特色职业教育走向世界，发出西航最强音。下面，我从四个方面与大家交流沟通。

一、什么是"双高"？（"双高"的再认识）

（一）"双高"是职教改革的新起点、新方向

2019 年是落实《国家职业教育改革实施方案》的开局之年，出台"双高

计划",一方面落实了《国家教育事业发展"十三五"规划》提出的"积极探索不同类型、不同层次高等学校一流建设之路"要求,体现了"职业教育与普通教育是两种不同类型,具有同等重要地位"的重要设计;另一方面也是继教育部、财政部联合实施的国家示范校(骨干校)和优质校建设项目之后,再次借鉴高校"双一流"建设,在国家层面重点支持一批高水平院校和高水平专业群,中央财政给予支持,引导地方加强投入,以点带面,引领新一轮改革建设,整体带动提高我国高职教育的水平。

(二)"双高"是职业院校的新标杆、样板房

《教育部 财政部关于实施中国特色高水平高职学校和专业建设计划的意见》提出"集中力量建设一批引领改革、支撑发展、中国特色、世界水平的高职学校和专业群",其中"引领改革"是基本定位,"支撑发展"是效益要求,"中国特色"是根本属性,"世界水平"是质量标准,四个方面有机结合、相互支撑,明确了我们下一步建设的主要内涵,指引了我们未来建设的确切方向。国家遴选出我们这些基础好、够水平、有特色的学校和与国家战略密切相关的专业群率先发展,目的就是要加强高职教育的政策引导。学校一定要紧紧围绕立德树人这个根本任务、产教融合这条工作主线,努力按照政治标杆、育人标杆、管理标杆、文化标杆、服务标杆、国际标杆的要求推进自身建设,拓展职业教育服务产业的深度和广度。

(三)"双高"是职业院校的擂台赛、流动岗

这次"双高计划"的遴选标准主要分为"专项"和"方案"两部分,既看过去,也看未来。"专项"部分为定量指标,有学校相关基础数据形成积分依据。"方案"部分为半定量指标,由专家对高职学校申报的建设方案进行打分。最终的公布名单中,197个单位上榜,其中56所高职学校(10所A类、20所B类、26所C类)进入高水平高职学校建设单位,141所高职学校被列入高水平专业群建设单位。原来的100所国家示范校中有76所入选,原来的100所骨干校中有69所入选。原来的55所国家示范(骨干)高职院校没能入围,有52所非国家示范(骨干)高职学校在此次"双高计划"

中脱颖而出。

"双高建设"实行动态管理、每五年一轮、过程监测、有进有出、优胜劣汰的制度,所有学校只要办出特色,提高服务能力,就有可能在未来的遴选中入围。目前进入"双高计划"建设之列的学校也不是一劳永逸,而是要认清形势,率先发展。

二、为什么要争"双高"？（"双高"之于学校的现实意义）

（一）"双高"是对西航职院历史的时代答复

60余年的成长历程,学校由小到大,由弱到强,是一代又一代西航人继承着前辈们的优良传统,为学校建设和发展同心协力、艰苦奋斗、爬坡过坎、争先创优的结果。无论在哪个时代,西航人都能给学校交上一份满意的答卷。办技校,我们建成了被誉为"西北一枝花"的省内知名技工学校；办中专,我们办成了省级重点中专；2001年移交地方以来,学校更是紧紧抓住了大力发展职业教育的历史机遇,建高职、扩校区、迎评估、创示范,实现了跨越式发展。"国家示范性高等职业院校"、国家优质校、全国职业教育先进单位、全国德育工作先进单位、全国国防教育特色学校,每一个历史阶段,我们都能拿出属于这个阶段的好成绩。今天,站在职业教育新的历史起点上,入选"双高校"就是我们这一代西航人给学校历史提交的时代答卷,建设"双高校"则是我们必须全力以赴的一场赶考。

（二）"双高"是对学校品牌的再次升华

此次"双高计划"遴选的原则是"扶优扶强,不搞平衡",强调以质量为先,突出就业率高、毕业生水平高、社会支持度高,注重校企结合好、"三教"改革成绩突出、办学质量好的高职学校和专业群,看中地方对国家职业教育改革的响应程度,旨在重点打造一批"引领改革、支撑发展、中国特色、世界水平"的品牌高职院校。入选"双高校"将进一步帮助学校明确品牌定位、稳定品牌内涵、丰富品牌联想、做好品牌维护,为学校未来的资源整合、人才引进、招生就业、校企合作、国际合作等工作营造良好的外部环境,为我们的改革发展、机制创新、人才培养、特色凝练积淀坚实的内部基础,夯实和升华学校在全国乃至世界职业教育领域的良好口碑和响亮品牌。

(三)"双高"是对学校投入的强力保障

示范校建设期间,通过示范校建设项目,教育部、财政部直接给学校投入了 2800 万元。此次"双高计划"财政投入模式,比示范校建设有了更大变化,一是长周期,五年的建设周期有利于持续跟踪办学质量和人才的培养质量;二是分阶段,通过设计中期和远期目标,持续建设到 2035 年,有利于引导学校树立较为长远的发展目标;三是大投入,每一年中央财政的奖补支持 20 亿元左右,其力度相当于示范校、骨干校一轮建设的总投入,"双高建设"第一个五年期间学校至少能直接从国家获得 5000 万元的投入,省级财政投入也将会随之配套,这必将给学校改革建设注入强大动力,有利于学校立足定位、办出特色,进一步提升办学水平和社会影响力。

三、怎样去建设"双高"?("双高"之于学校的发展要求)

"双高计划"强调建设而非"身份",怎么建、建成什么样是我们要解决的核心问题。按照学校"双高"建设方案,未来 15 年,我们将紧紧围绕"3211"计划,即坚持"三融战略"(产教融合、校地融合、军民融合),打造 2 个航空特色高水平专业群,打造 1 个技术技能创新服务平台,创建 1 个国家级航空职业教育改革试验区,全力打造杰出技术技能人才培养高地,成为航空特色世界水平职业教育"标杆校"。

(一)聚集优势资源,坚定办学特色

一是明确航空特色办学定位。我们是一所因航空而生、伴航空而长、随航空而强的学校,纵观我们的示范建设和"双高"评选,之所以能够在每一个关键时刻脱颖而出,主要是因为我们具有鲜明的航空特色、独特的区位优势、先进的办学理念。下一阶段我们必须进一步坚持和强化学校的办学特色,传承发扬,创新驱动,服务军民融合战略,服务航空强国战略,促进航空产业转型升级,坚持学校改革与航空产业发展同向而行,与"中国航空

城"发展同频共振,不断提升办学水平、服务能力、国际影响力,昂首阔步走好我们的特色发展之路。**二是**构建航空特色高水平专业群。重点打造飞机机电设备维修、无人机应用技术2个航空领先专业群,面向军航和民航领域,紧跟航空行业产业转型升级和新技术新要求,通过"政军行企校"五方协同培育航空维修方面的高素质技术技能型人才。在做好重点专业群布局的同时,我们还要设计、调整好相应的组织构架,建立扁平化、资源集聚化专业群管理机制,"把好钢用在刀刃上",聚集、利用优势资源,全力以赴保障专业群建设,带动整体专业水平提升,实现"两航齐追蓝天梦,五方共育航修人"。**三是**聚集人才资源。习近平总书记曾说过"人才是第一资源",人才战略将是我们"双高"建设期间的重要任务,要依靠"中国航空城"航空从业人员聚集的人力资源优势,积极引进大国工匠,组建万人兼职教师数据库;聘请航空领域知名专家,建立院士工作站;内培外引航空企业总师素质的专业群带头人,培养一批航空领域骨干教师及技术能手;同时,进一步完善以教学改革为成果及教学评价为导向的绩效考核机制,释放学校人才引擎的强劲动力。

(二)深化产教融合,加强对外交流

一是打造技术技能创新服务平台。统筹五方资源,立足"航空基地",打造技术技能创新服务平台,实现科技攻关、成果转化、技术推广、英才培养等功能,服务区域中小微企业技术革新,助力航空产业转型升级。与西飞公司等航空龙头企业共建培训基地,开展C919维修等技术技能培训、航空文化育人服务。**二是**构建校企命运共同体。持续加大与企业的合作交流,构建"你中有我,我中有你"的新型校企合作关系,按照"合作、发展、共赢"的原则,建立人才共育、人员互通、资源共享、利益共赢、共建共治的可持续发展长效机制,协同育人,突出企业育人主体地位,全面推行现代学徒制,试点"1+X"证书,搭建平台,拓宽校企合作交流途径,重点加强航空职教集团建设。**三是**加强国际化交流,成立国际教育学院,建立健全合作交流长效机制,与国外大学开展联合培养、学生互换、学分互认等多模式的合作办学,引进优质资源,融入教学标准,开发国际化教学资源,输出中国方案,为"一带一路"沿线国家提供航空院校、实验实训室建设方案,开展海外职业技术教育培训,全力提升学校国际化水平。

(三)坚持守正创新,全面立德树人

一是强化思想引领。坚持社会主义办学方向,始终把立德树人作为中心环节,全面提升党建质量,加强教师党支部书记"双带头人"培养,以国家级"样板支部"为引领,全面增强基层党组织凝聚力和战斗力,推进铸魂育人。深入推进"三全育人"综合改革,将"航空报国,追求卓越"的西航精神融入教育教学、实践环节等人才培养的全过程,厚植学生敬业乐业、航空报国的职业情怀,培养学生精益求精、追求卓越的工匠精神。构建"十大育人"体系,引导学生增强"四个自信",培养担当航空强国重任的时代新人。**二是优化治理结构。**持续优化学校的制度体系、学术权力体系、内部质量保证体系,提升学校治理能力。依托学校组建的航空城职教联盟,构建高层次人才校企互聘、育人体系多方共建、中高职衔接、产学研协同创新的"政军行企校"五方联动共建、共治、共享机制。**三是创新教学模式。**参照国家标准建设专业资源库,将高水平专业群所有课程建成在线开放课程,实现课程资源信息化。融合教学、管理、服务各系统数据,建立大数据中心,构建以师生为中心的人机交互智能化管理系统、监测预警系统,实现管理智能化。基于海量数字化教学资源,校企联合开发人机交互"智能教学助手"和"智能学伴",探索机器人辅教改革,开设5G+AR课堂,开展MR多人协同实训教学项目建设,打造自主、个性、泛在教学模式。

四、学校"双高"建设推进情况

(一)优化"双高"建设体制机制

一是调整内部组织机构。按照"一个中心、六个特色学院、九个二级专业学院"(简称"169"系统)和"以群建院"的思路调整了学校内部机构。一个中心为航空制造工程中心;六个特色学院分别为马克思主义学院、通识

教育学院、体育与健康管理学院、创新创业学院、国际教育学院、继续教育学院,提升专项建设能力;九个二级专业学院分别为航空维修工程学院、通用航空学院、航空制造工程学院、人工智能学院、航空材料工程学院、自动化工程学院、航空管理工程学院、汽车工程学院和军士学院。集中优势资源重点打造飞机机电设备维修和无人机应用技术两个重点专业群。每个专业学院按照"1+1+N"模式管理,即一个专业学院对应一个高素质技术技能人才培养基地加一个技术服务平台和N个产业学院。此外,为服务"双高"建设,还专门成立了现代职业教育研究院,提升学校职业教育研究能力;成立西安市阎良区企业家培训学院、中德师资培训学院、航空产业基地培训学院,提升学校对外培训服务能力。

二是健全"双高"建设项目改革专门机构。组建"咨询委员会—领导小组—项目办公室—项目建设小组"项目改革梯队,五方专家组成的"双高"建设咨询委员会,研究解决"双高"建设相关重大问题;五方高层管理人员组成"双高"建设领导小组,协调推进项目科学有序实施;五方职能部门领导组成"双高"建设项目办公室,负责具体改革任务的组织、管理和统筹工作;校企组成项目建设小组,负责项目有序推进。各梯队校外人员实行聘任制。

三是搭建五方共治平台。学校成立理事会,优化了理事会议事规则和运行机制,发挥其咨询、协商、议事和监督作用。牵头组建陕西西安航空城职教联盟、陕西航空职业教育集团,吸纳多元投资主体,聚集陕西省政府、省军区动员局、"航空基地"、全国航空行指委、航空工业集团、中国航发集团、中国民用航空西北地区管理局、西北工业大学等各界力量,为构建高层次人才校企互聘、育人体系多方共建、中高职衔接、产学研用协同创新的"政军行企校"五方联动共建、共治、共享的体制机制搭建了平台。

(二)加强"双高"建设管理

一是加强组织领导。学校高度重视"双高计划"的推进工作,多次召开工作推进会。今天更是邀请了政军行企校的专家领导,"五方"共商"双高计划"推进事宜。改革二级考核办法,将党建与业务工作同部署、同推进、同考核,把"双高计划"建设任务融入党政工作的重点、写入了党政工作计划,将落实推进情况作为年度部门考核的重点。

二是建立项目管理、目标责任制度。学校细化"双高计划"建设任务,分层确定项目责任,定期按任务点、目标点进行检查;实行进度月报制度,监控各项目的建设进度;不定期推出简报,通报推进情况,目前已推出12期简报,确保所有项目有计划、有落实、有督促、有结果。实验实训室建设方面,建立了项目建设库,规范建设流程,监控建设进度;课程资源建设统一征集,集体采购,分项执行。目前2020年计划内的15项项目已完成12项招标采购工作,投入经费2500万元。

三是建立科学评价标准,健全绩效考评机制。学校计划投入"双高"绩效专项奖励1000万元,并制定了"双高计划"绩效指标体系,目前正在完善绩效考评办法。绩效指标体系以"双高计划"任务书中数量指标和质量指标为测算依据,对接质量工程奖励和科研奖励标准,坚持目标导向,总量随完成情况动态调整,定量与定性相结合,执行与管理相结合,层层推动,相互影响,目前测算了1000多分。学校"双高计划"绩效考评坚持"质量为先,绩效导向;多维评价,多重激励;点面结合,重点突破"的原则。即以绩效指标达成为依据,个人与单位评价相结合,物质与精神激励并行,点上突破和面上成局相结合。后期,相关部门会在职称和职务晋升、荣誉评聘等方面出台细则,对做出成绩的人员予以倾斜。

(三)专业群推进情况

高水平专业群建设是高水平学校的重要支撑,决定高水平学校建设的高度和深度。目前,2个重点专业群已相继召开了启动会,签订了任务书,各项工作稳步推进。除了2个重点专业群外,非央财支持的6个专业群也启动了方案的制订工作,建设工作也同步推进中。八大专业群精准对接行业龙头企业需求,组建了7个产业学院、4个技术技能培养基地等,发挥企业育人主体作用,校企联合开展现代学徒制、订单班等多种形式的"企业订制式"教育模式。服务军队现代化建设需要,参与退役军人教育培训联盟;对接军士岗位要求、军政素养标准和军校基本要求,创新人才培养模式,打造"校内军校"。

同志们,"双高"建设已经全面开启,学校建设方案与任务书已经在教育部备案,我们确定了十一大项、四十子项的建设任务,也相继出台了"双高"专项激励政策和制度。目前,各项任务正在有序推进中。其中某些方面,学校已经取得了突破性进展,比如:国家级"样板支部"两个,在全国职业院校技能大赛职业院校教学能力比赛中获得国家级一等奖,在全国职业院校技能大赛"嵌入式赛项"中连续四年获得国赛一等奖,由我校第一主持的国家级资源库被确定立项,被教育部遴选为"首批国家级职业教育教师教学创新团队",入选2020年智能制造领域中外人文交流人才培养基地项目首批筹建院校,成立"人文交流经世国际学院",5名同志入选陕西省高校青年杰出人才支持计划,1个陕西高校青年创新团队,1名教师在"首届全国高校思想政治理论课堂教学展示活动"中获一等奖,等等。

"十四五"期间,"双高"建设将始终是学校的主线和中心工作。由于建设任务重,资金压力大,所以全校教职员工要做好过"苦日子"的准备,要提高工作主动性和紧迫感,建设中各个单位都是突击队,人人都是先锋队员,要按下"快进键",跑出"加速度",努力实现学校的"蓝天梦"。"双高"建设是我们建功新时代的难得机遇,更是续写西航春秋的历史担当,我们深感自豪和光荣,也深知肩负的责任和使命。让我们以此次"双高"建设推进会为新的起点,不忘初心,传承好"西航精神";牢记使命,开拓好"西航未来",锐意进取,砥砺前行,以踏石留印、抓铁有痕的劲头,打拼出一条属于西安航空职业技术学院自己的"双高"路。

谢谢大家!

阎良区政府领导在西安航空职业技术学院"政军行企校"五方共建"双高校"推进会上的讲话

（2020年7月4日）

尊敬的各位领导、各位嘉宾，老师、同学们：

大家上午好！

巍巍荆山塬，滔滔石川水，商鞅变法地，现代航空城。仲夏之际，我们在美丽的西安航空职业技术学院隆重集会，聚力推进学校"双高计划"落实落细。2019年岁末，西航职院成为全国56所"双高计划"高水平学校建设单位之一，也是全国唯一入选的航空类高职院校，这既是西航职院的喜事，也是我区发展的大事。在此，我谨代表区委、区政府对西航职院的发展成就表示热烈的祝贺！向光临我区参加西航职院"双高"建设推进会的各位领导、来宾、各界人士和朋友们表示诚挚的欢迎和崇高的敬意！向关心、支持我区教育、经济、社会发展的各级领导、各位朋友及各界人士表示衷心的感谢！

阎良，这个历史上曾因商鞅变法而闻名于世的千年小镇，中华人民共和国成立后，建成了中国大中型飞机研制基地。现如今，这里已经成为名副其实的"中国西雅图"，是集飞机设计、制造、鉴定、试飞、教学、研究于一体的著名中国航空城。

作为西安国营172厂（西飞公司）的配套项目，随着"第三机械工业部阎良第一航空工业工人技术学校"的创建，西航职院开启了因航空而生、伴航空而长、随航空而强的办学历程。六十多年来，一代又一代的西航人薪火相传，在应对挑战中砥砺前行，在攻坚克难中跨越发展，在创先争优中勇攀高峰。新世纪伊始，学校由空军移交陕西省，升格大专并更名为西安航空职业技术学院,办学规模不断扩大,教师素质不断提高,学生能力长足发展,成功实现"国家示范、骨干""国家优质""中国特色高水平高职学校"三轮国家重点高职院校建设项目的"大满贯",在发展航空特色职业教育上迈出崭新步伐,成为陕西乃至全国航空职业教育的一面旗帜。这些成绩的取得,是西航职院广大师生团结奋斗、追求卓越的结果;是各级领导高度重视、关心支持的结果;也是社会各界、各位朋友心系教育、无私奉献的结果。这是西航的骄傲,也是阎良的无上荣光!

老师们、同学们、朋友们,校依城而立,城因校而兴。西航职院植根于荆山塬下,支持西航职院发展壮大是我区现在在做、将来还要做得更好的一项重要工作。作为陕西航空产业的重要板块,区委、区政府一直以来都将职业教育,特别是航空职业教育纳入全区经济社会和产业发展规划,构建了"政府主导、教育主管、部门协作、行业企业广泛参与"的现代职业教育体系。积极搭建校企融合发展平台,建立政校共赢发展通道,挖掘潜力、整合资源、发挥优势,形成了企业、学校、学生、政府共赢的有利格局。

感谢西航职院一直以来为阎良区域经济社会发展所做的贡献,西航的发展与阎良的发展相互融合、共享资源、共同推进,我们将与西航共同谋划、共建平台。区委、区政府将一如既往地支持西航职院的发展建设,做好服务保障和基础配套,在促进校企融合发展、服务航空产业等方面进一步加大支持力度,不断探索、深化航空职教和航空企业的合作领域,为校企之间搭好桥梁、建好平台,为推动全省航空产业发展做出更大贡献。

盛世谱新曲,匠心著华章。我们深知,推动经济社会又好又快发展,实现中华民族伟大复兴,科技是关键,人才是核心,教育是基础。西航职院作为航空特色职业教育的中坚力量,在新时代应奋发有为,再上新台阶。因此,我们衷心希望西航职院牢牢把握"双高"建设新契机,紧跟航空产业升级新趋势,迎合区域经济发展新要求,认真总结办学经验,传承"艰苦创业、团结奉献、育才树人、航空报国、追求卓越"的西航精神,以培养航空高素质技术技能人才为己任,坚持"校地融合、产教融合、军民融合"的发展战略,牢记航空报国使命,服务区域经济社会发展,为航空城腾飞、"富阎板块"崛起奉献西航人的智慧和力量。

杏坛翠柏拔劲节,桃李芬芳尽风流。衷心祝愿西航职院恒发春华、桃李丰硕,祝全体师生天天进步、业有所成,祝各位来宾身体健康、生活愉快!

谢谢大家!

陕西省委教育工委领导在西安航空职业技术学院"政军行企校"五方共建"双高校"推进会上的讲话

（2020年7月4日）

各位专家、各位来宾、同志们：

盛夏时节，我们相聚阎良中国航空城，举行西航职院"政军行企校"五方共建"双高校"推进会。我代表省委教育工委、省教育厅向大会的召开表示热烈祝贺！向各位来宾表示热烈的欢迎！向关心支持陕西高职教育的各位领导、专家表示衷心的感谢！

陕西是我国西部重要的高等教育基地，现有高校109所，在校生180万名。其中独立设置的高职院校41所，在校生42.8万名。陕西省委、省政府坚持教育优先发展战略，把教育作为富民强省的基石，将高职定位为高教强省的"半壁江山"、职业教育的龙头引领，实施高教强省战略。国务院印发《国家职业教育改革实施方案》，确定职业教育类型教育的重要地位，启动实施"中国特色高水平高职学校和专业建设计划"，陕西8所院校入选，其中入选高水平学校项目4所，数量位居全国第四、中西部第一，这标志着陕西高职核心竞争力正式进入全国前列。西航职院是国家高职示范校、陕西省"一流学院""双高计划"高水平学校项目，建校61年来，积极深化产教融合、校地融合、军民融合，倾力服务区域经济社会发展，为陕西教育事业和我国航空事业发展作出了重要贡献。

借此机会，我谈三点意见。

一是加大政府统筹支持职教发展力度。 省教育厅将以突破性政策支持"双高计划"建设，围绕行业区域发展推进教育教学改革，加大职业教育改革创新力度，为产教、校企两端增添改革与发展新动力、新资源。希望航空城地方政府着眼当下、立足长远,将支持职业教育发展纳入"十四五"发展规划,在重大项目、重要资源方面予以倾斜支持,鼓励引导行业企业与职业院校全方位合作。

二是创新区域产教融合体制机制。西航职院要围绕"1+X"证书试点,着力提升高素质技术技能人才培养能力。希望行业龙头企业采取合资、合作等方式,参与举办职业院校,共建产业学院、实训基地和相关专业,构建企校协同人才培养格局,实现"企业人力资源建设前置到学校,学校人才培养延伸到企业"的深度融合目标。

三是推进学校内部治理体系改革。学校要抓住产业转型升级的发展机遇,以产业需求为中心,围绕产业链部署创新链,围绕创新链打造专业链,主动对接企业,构建适应产业转型发展需求的办学体制机制;建立以企业项目为导向的应用技术研发与推广机制,与行业企业共建技术工艺和产品研发中心、技能大师工作室,通过人才培养、员工培训、科研合作等形式,探索建立职业教育产教融合平台。

同志们,"两航齐追蓝天梦,五方共育航修人"。职业教育进入历史最好的发展时期,希望大家主动担当、精诚合作,依托航空产业这一高端产业,立足中国航空城,打造现代航空职业教育新体系,为我国航空产业发展培养大批高素质技术技能人才,为建设航空强国做出更大贡献!

谢谢大家!

以更大的勇气和智慧奋力推进"双高校"建设

——在"中国特色高水平高职学校和专业建设计划"推进会上的讲话
（2020年7月4日）

各位领导、各位专家、各位来宾、同志们：

大家好！

夏至已至，西航花开。今天，我们西航职院高朋满座，群贤毕至，五方合力，共同谋划和全面推进"双高校"建设，这注定会在学校发展历史上留下浓墨重彩的一笔。各位领导和嘉宾为我们进行了揭牌、授牌，企业和校友进行了捐赠，我们还聘任了咨询专家，这些标志着我们五方共建"双高校"的序幕已经拉开，合作共赢新平台已经搭建，全面推进"双高校"建设的号角已经吹响。首先，我代表学校真诚感谢省委教育工委、省教育厅的精心指导和支持，感谢阎良区委区政府、国家航空产业基地管委会长期以来对学校建设与发展的鼎力支持和帮助，感谢行业翘楚、合作企业、杰出校友对我们的信任和支持，感谢合作企业和校友给我校的慷慨捐赠，感谢昆山开发区对我校的关心支持，也感谢媒体朋友们对学校的关注。

我提议，全体西航人再一次以热烈的掌声对他们一并表示真挚的感谢和崇高的敬意！

刚刚，省委教育工委、省教育厅肯定了我校改革发展所取得的成绩，对我们"双高校"建设提出了要求和希望，阎良区领导和合作企业代表表达了对我校"双高校"建设的热切支持和携手发展的美好愿望，这使我们备受鼓舞，感受到了沉甸甸的责任和使命。我们要把这份责任和使命转化为奋力实现"双高"建设目标的强大动力，绝不辜负上级领导、地方政府、合作单位和社会各界对我们的厚望，认真贯彻落实《国家职业教育改革实施方案》，以更大的勇气和智慧谱写新时代学校发展的新篇章。赵居礼校长已就什么是"双高"、为什么要建"双高"进行了阐释,并对具体任务进行了部署。在此,就如何推进"双高校"建设,我讲四点意见,与大家共勉。

一、始终坚持党的领导,把党的建设作为建设"双高校"的根本保障

回顾学校60余年的发展历程,我们深切感受到:办好学校的事情核心在加强学校党的建设,关键在坚持党的领导。全面加强学校党的建设是学校各项事业发展的根本保证。

一是要切实发挥政治建设统领作用,坚定不移贯彻落实习近平新时代中国特色社会主义思想和习近平总书记来陕考察重要讲话精神,不断增强树牢"四个意识",坚定"四个自信",做到"两个维护"的思想自觉、政治自觉和行动自觉,切实执行好党委领导下的校长负责制,把党的领导落实到"把方向、管大局、做决策、保落实"上来,不忘立德树人初心,牢记航空报国使命,把学校建设成为培养德智体美劳全面发展的社会主义建设者和接班人的坚强阵地。

二是要以党建"双创"强基铸魂,深入推动基层党组织"规范化、标准化、信息化、品牌化"建设,发挥省级、全国"样板支部""标杆院系"示范带动效应,形成"纵向到底、横向到边"全覆盖的党建工作制度机制,不断提高基层党组织建设的科学化水平,把基层党组织真正建成坚强的战斗堡垒。

三是要营造风清气正干事创业的政治生态。政治生态好,人心就顺,正气就足。我们要持续推进全面从严治党,不断加强党风廉政建设,发扬优良工作作风,努力营造公正、和谐、清明、廉洁、团结民主、昂扬向上的政治生态,让想干事的人能干事、干成事,让"双高校"建设中做出突出贡献的同志"名利双收",促使全校上下拧成一股绳、汇成一股劲,凝聚起建设"双高校"的强大力量,全力保障目标任务的高质量完成。

四是要打造本领高强、能打硬仗、忠诚干净担当的"西航铁军"。坚持"人才强校"战略,打造一支结构优化、梯队合理、德高业精的"双师型"教师

队伍和一支忠诚干净担当的干部队伍；贯彻落实和运用好"三项机制"，促使优秀人才脱颖而出、快速成长；要发挥"关键少数"作用，引领各级干部率先垂范，干在实处，走在前列，为"双高校"建设提供干部和人才的保障。

二、始终坚持"三融战略"，把探索举办职教本科作为推进追赶超越的更高目标

近年来，学校在落实国家高职教育创新发展行动计划过程中，经过不断探索、积淀和凝练，形成了"产教融合、校地融合、军民融合"的"三融战略"，这是践行新发展理念的"西航实践"，引领学校形成了新的发展格局和发展位势。在"双高校"建设过程中，我们必须一以贯之地坚持"三融战略"。"产教融合"是核心和主线，业已融入我们学校办学育人的基因和血液；"校地融合""军民融合"是两翼，是我们适应国家需求、服务区域经济社会发展、服务国防现代化的的使命担当。我们将统筹融合学校、区域、行业、企业、军队职业教育资源，建立学校专业资源共建、区域职教资源共享、行业企业与学校人才共育的机制。"三融战略"就像一架展翅高飞的战机，引领并驱动学校聚焦"十四五"、建成"双高校"。

在"双高校"建设进程中，我们还应当志存高远，树立举办职业教育本科这一更高目标。探索举办职业教育本科是高职教育发展新的制高点，是促进教育链、人才链与产业链、创新链有机衔接，助力我国构建现代产业体系、"跟进高端产业，服务产业高端"、推进高质量发展的重大举措。我们要勇于担当使命，举产教融合旗，走校企合作路，对标对表"双高计划"滚动实施的要求，制定并实施好"十四五"发展规划，特别是以职教本科为新的更高的主攻方向，聚集优质的专业教学资源、人才队伍资源、条件要素资源，联手应用型本科院校和高端产业企业，特别是对接航空装备企业人才需求，延长学制，升级培养，以点带面，砥砺探索职教本科高层次技术技能人才培养规律，为航空工业培养德技并修的高端技术技能人才，为陕西谱写追赶超越新篇章做出我们的贡献。

三、始终坚持深化改革,把机制创新作为谱写追赶超越新篇章的不竭动力

当前,我国教育事业正处在快速发展期和改革攻坚期,我们学校也是如此。"双高计划"的宏伟目标,"标杆""样板""高地"……一个个美好的词语固然听起来让人热血沸腾、充满憧憬,但其背后需要以突破现状、大胆改革、攻坚克难、实干拼搏作为支撑。我们要清醒地认识到,在实施"双高计划"的过程中,我们还有很长的路要走,还有很艰巨的任务要完成,还要面对各种各样的困难,特别要关注和研究全国、全省职业教育领域的新形势、新动向,要善于发现问题,找准症结,把改革创新作为学校发展的底色和强大驱动力,用西航人的不凡智慧,书写好学校新时代创新发展、追赶超越的奋进之笔。

一是探索区域职教治理机制。我们将在省委教育工委、省教育厅、省军区的指导支持下,在阎良区委、区政府和航空产业基地管委会以及陕西航空企事业骨干力量的鼎力支持下,发挥好陕西西安航空城职教联盟作用,全面推动西安阎良航空业职业教育改革试验区建设,努力将其建成富有航空特色、产教融合型、军民融合型的职教改革示范区,着力支撑我省打造"内陆改革开放高地"战略。

二是创新"三全育人"机制。紧紧围绕立德树人根本任务,依托"三全育人"联盟,对标十大育人体系要求,突出"航空报国"精神培育,以思政课程改革与课程思政建设为重点,推进课程改革;以创建全国文明校园为契机,全面营造良好育人氛围;以六个特色学院为平台,以素质证书制度改革为抓手,推进素质教育,切实落实德智体美劳全面发展的培养目标。

三是改革优化内部管理体制机制。进一步优化机构设置,明晰行政职能与教育教学功能,强化教育教学中心地位。改革形成促进党建与业务融合、单位与个人全覆盖的部门考核与教学单位考核两大考核体系,制定"双高校"建设激励办法,重点从职称评定、绩效津贴、荣誉称号、选拔任用等维度,激励在"双高校"建设中贡献突出的同志,形成鲜明导向,建立起充满活

力、富有效率、更加开放、具有较强激励功能、有利于高质量发展的体制机制,着力提升治理水平和效能。

四是创新专业建设与人才培养机制。按照"以群建院"的原则,以"产业学院"建设为契机,以两个"双高"专业群引领形成"2+6"专业群发展新格局,以专业群对接产业链岗位群,实现平台共建、资源共享。深入推进教师、教法、教材"三教"改革,推广现代学徒制,加快"1+X"制度试点,创新多样化的校企、军地协同育人的人才培养模式,打造产教融合型、军民融合型专业,着力提高人才培养水平和质量。

四、始终坚持弘扬"西航精神",把增强文化自觉作为凝心聚力、加快发展的重要引擎

习近平总书记强调,"文化自信,是更基础、更广泛、更深厚的自信,是更基本、更深沉、更持久的力量"。我们经过多年的探索实践,已基本形成了以传承弘扬"航空报国"精神为核心的文化育人体系,并提炼形成了"西航精神"。这是我们之所以能够引领航空职业教育发展的深层原因,是学校的软实力。面对新时代、新挑战、新要求,我们要继续将"中国梦"具体化为"航空强国梦",在立德树人、航空报国的奋斗中,实现我们的"西航梦"。我们要继续坚持和弘扬、丰富与完善"西航精神",在"双高校"建设的征程上攻坚克难、闯关夺隘,建立起文化自信,进而实现文化自觉。以"航空报国"的责任感、"航空强国"的使命感感召广大师生,切实发挥航空文化对广大师生的思想引领、价值导航、魂魄塑造、行为规范的重要作用,产生源源不断、经久不息的内生动力。

同志们,我们要清醒地认识到"双高计划"赋予我们的责任和使命。"双高计划"是要经过5～15年努力,实现"引领改革、支撑发展、中国特色、世界水平"的目标。这期间,有进有出,优胜劣汰。如果我们不砥砺精神、只争朝夕,就可能被赶超、被淘汰。我们必须时刻保持等不起的紧迫感、慢不得的危机感、坐不住的责任感,唯其如此,才能确保我们改革创新、行稳致远。下一步,我们需要规划出完成"双高校"建设任务翔实的"时间表"

"路线图",倒排工期,挂图作战,逐项逐条抓好工作落实,特别是要把我们合作共建的产业学院、培养基地建设好、发展好、使用好,不辜负合作单位和社会各界的厚爱和支持。我们的每一位教职工,尤其是党员干部,都必须始终保持强烈的事业心、责任心和进取心,在思想深处有"功成不必在我"的境界,在内心深处有"功成必定有我"的担当,勇挑重担,建功立业。

我们要继续传承发扬几代西航人的优良传统和作风,激发越是艰险越向前的精气神,把高远的目标落实到具体行动上,落实在全校上下众志成城的努力中。"双高计划"实施一年来,已经从"大写意"进入到"工笔画"阶段,"双高"建设越是深化越是困难重重、任务繁重。这就要求我们,必须以扑下身子、狠抓落实的干劲,踏石留印、抓铁有痕的狠劲,滴水石穿、久久为功的韧劲,全力以赴,推动"双高校"建设各项任务顺利完成。

同志们,一代人有一代人的长征,一代人有一代人的担当。让我们用汗水浇灌收获,以奋斗激发活力,以改革推动创新,以实干笃定前行,以勇立潮头、勇往直前的气魄,为把学校建成航空特色领先、国内一流、国际知名的中国特色高水平高职学校而努力奋斗!

最后祝各位领导、各位专家、各位朋友身体健康、工作顺利!

谢谢大家!

"双高计划"建设学校加强党的建设及提升治理能力研讨会交流材料

（2020 年 9 月 25 日）

一、加强党的建设方面

西航职院在"双高"建设过程中充分发挥党委核心作用，将加强党的建设作为根本保障，聚精会神抓建设，一心一意谋发展，严格按照"双高"建设任务清单逐项完成各项党建工作指标，以一流党建引领高水平建设，取得了一定成绩和经验。同时，在实施过程中也存在一些问题。①党建和业务工作还存在脱节、"两张皮"的现象；②基层党组织建设质量不高；③干部干事创业的积极性有待提高。

针对上述问题，学校采取了以下解决措施。

一是建立"大党建"考核体系，将党建和业务工作同部署、同推进、同考核。将"宣传思想及精神文明""基层组织建设""党风廉政建设""年度目标任务完成情况"等 6 个专项考核有机融合，设置考核指标体系。通过整合，实现了党建与业务工作的深度融合提升，改变了过去党建考核中多头考核、党建考核与业务考核结合不够紧密、考核针对性不强等问题，努力使党建工作和业务工作融为一体。

二是加强基层党支部标准化建设。 目前学校已形成党建"双创""校级—省级—国家级"培育创建体系，实现教师党支部书记"双带头人"全覆盖，获批全国"样板支部"3 个，省级"标杆院系"1 个、"样板支部"1 个，省级以上创建单位数量在全省高职院校中居于首位，党建工作"标杆院系""样板支部"已成为推进"双高校"建设的重要基层组织力量。

三是改革干部"选育用管"机制。 突出政治标准，健全事业为上的选拔体系;优化梯次结构,健全干部素质培养体系;创新推行"望闻问切"四步工作法,精准考核研判,健全知事识人体系;坚持统筹规范,健全干部管理监督体系。综合运用"三项机制",对考核优秀和进步较大的中层干部授予荣誉称号、给予物质奖励、予以提拔重用,对考核结果靠后的干部取消晋升资格乃至退出干部序列,激发干部干事创业的积极性。

提交会议研讨的问题:①建议省级部门对党建工作专职人员(组织员)的设置、管理及职业发展等出台相关指导性政策;②建议在教育教学成果评选中向课程思政方面予以倾斜;③建议设立省级"三全育人"综合改革试点项目。

二、落实相关文件精神方面

学校党委高度重视中央和我省有关思政工作和加强意识形态相关文件精神的学习和落实,系统梳理了各个文件之间的内在联系,统筹考虑,不断完善学校各项制度和政策。

一是落实立德树人根本任务,构建德智体美劳育人体系。由教务处牵头,依据相关文件精神调整学校《人才培养方案制(修)订原则指导意见》,将思想政治教育、课程思政、劳动教育、艺术教育等相关育人要求贯穿人才培养全过程,以学生素质教育证书制度改革为抓手,突出航空文化、工匠精神的培养,全面贯彻"三全育人"总要求。

二是注重价值引领,坚守课堂主阵地。高度重视意识形态工作,严把教材政治关,规范教材选用流程,落实监督主体责任。积极改革课程育人模式,打造了"一体两翼"的思政课教学模式,总结提炼了"434教学法"。设立专项研究课题,形成"课程思政"案例集,举办思政课程与课程思政大练兵教学比赛。学校获批2个教育部人文社会科学项目立项;3名教师获得省教育工委组织的思政课大练兵"教学标兵"称号,学校获得"思政大练兵优秀组织奖";1名教师在"首届全国高校思想政治理论课堂教学展示活动"中获一等奖。

三是加强制度保障,改革创新体制机制。成立了"三全育人"研究院,开展"十大育人"体系内涵研究。成立了劳动教育科,专门研究劳动教育内涵,规范劳动教育教学环节,将劳动教育和专业实践相融合,确保劳动教育落到实处。出台了《领导班子联系思政课教师制度》《校、院两级领导听讲思想政治理论课制度》《西安航空职业技术学院课程思政实施方案》等制度,创造性出台了《辅导员职级晋升办法》,打通了辅导员职级晋升的通道,解决了辅导员的流失问题。

三、提升治理水平方面

学校以"一章八制"为统领,系统构建适合高职教育特点、运转灵活高效的办学体制和管理机制,着力营造以人为本、民主和谐、共建共治、开放共享、富有活力的办学环境。

经认真梳理,在提升治理能力方面仍存在以下几个问题:①内部治理结构仍需完善,尤其是"教授治学"的作用发挥不够;②推动多元共治、调动社会各方力量参与办学的体制机制建设仍需深化;③二级单位内生动力仍需激活;④各方监督形成合力的机制仍需完善。

针对上述问题,学校采取了以下解决措施。

一是优化内部治理结构。坚持完善党委领导下的校长负责制,有效规范了党委会和院长办公会的议事内容和决策程序。建立了领导班子常态化沟通机制、各类委员会及校内外专家咨询机制等,提升了科学决策能力。持续优化学校制度体系,编撰形成包含11大类227项制度、共66万字的《制度汇编》,构建以学校章程为统领的层次合理、简洁明确、协调一致的制度体系。

二是以群建院整合资源。学校按照"169系统"和"以群建院"的思路调整了学校内部机构。"169"即"一个中心、六个特色学院、九个二级专业学院"。每个专业学院按照"1+1+N"模式管理,即"一个专业学院对应一个高素质技术技能人才培养基地加一个技术服务平台和N个产业学院"。

三是重心下移激发内生动力。聚焦"双高"建设任务,坚持成果导向,改革两级管理绩效考核管理办法、党政部门考核办法等,统筹学校荣誉体系,建立全方位激励机制,激发内生动力。

四是监督评价形成合力。建立教代会提案收集、反馈、监督机制,发挥民主监督作用。出台了《纪检机构监督工作实施细则(试行)》《党总支纪检小组工作细则(试行)》《巡察工作实施办法》等,积极构建党委全面监督、纪委专责监督、党委工作部门职能监督、基层党组织日常监督、党员民主监督的党内监督体系。

五是多元共治彰显特色。聘请行业企业专家组建"双高计划"改革咨询委员会,为学校改革发展提供决策依据。组建陕西航空职教集团、中国航空城职业教育联盟等,建立与航空行业产业的深入长效合作平台,构建"政军行企校"五方共建、共治、共享机制。召开了学校"双高"建设推进大会,与"政军行企校"各方力量共同成立了工程技术中心、协同创新中心、大师工作室、校企合作基地和产业学院等13个,推进区域内航空产业与职业教育深度融合。

守正笃实 日新其力
在"双高"建设中聚力立德树人

——西部"双高计划"建设研讨会交流材料

（2020年10月28日）

西安航空职业技术学院在"双高"建设中充分体现党的领导，将加强党的建设作为根本遵循，**用心用情用文化，谋人谋事谋发展**，力争以一流党建引领高水平建设，形成了一些经验做法，现从以下方面作以交流。

一、抓关键，确保"双高"建设行稳致远

一是抓好党委领导下的校长负责制。充分发挥党委把方向、管大局、作决策、抓班子、带队伍、保落实的作用。出台了《中共西安航空职业技术学院委员会会议议事规则》《西安航空职业技术学院校长办公会议议事规则》，明晰议事决策内容、程序和要求，把党的领导贯穿办学治校、教书育人全过程。

二是抓实领导班子。以用习近平新时代中国特色社会主义思想武装头脑为根本任务，严格落实党委中心组学习、民主生活会、领导干部理论学习考核、谈心谈话等制度；对班子成员出国境、出差实行备案管理，严肃党内政治生活；坚持校级领导讲党课、讲思政课制度，发挥关键引领作用；坚持校领导联系思政课教师制度，全面加强党对思想政治理论课建设的领导；坚持校领导班子成员联系包抓基层"双联双考"制度，推进学校党委、党总支、党支部一体化建设。

三是抓牢干部队伍。出台了激励干部担当作为的干部选拔任用管理办法，突出政治标准，健全事业为上的选拔体系；优化梯次结构，健全干部素质培养体系；创新推行"望闻问切"四步工作法，精准考核研判，健全知事

识人体系;坚持统筹规范,健全干部管理监督体系。综合运用"三项机制",对考核优秀和进步较大的中层干部授予荣誉称号、给予物质奖励、予以提拔重用,对考核结果靠后的干部取消晋升资格乃至退出干部序列,激发干部干事创业的积极性。

二、谋协同,推进"三全育人"破题落地

一是在校地共建、校校协同上下功夫。 学校与西安阎良区文化和旅游体育局共建优秀传统文化教育基地,签订了《关于建设优秀传统文化教育基地框架协议书》,推动中华优秀传统文化、传统美德进校,开展校地共建、区域共融,坚定"四个自信";承办了第二届"三全育人"联盟高校思政工作论坛,全省15家高校的领导、专家、思政教育工作者参会,聚力思想政治建设,共话立德树人初心;按照"完善学历教育与培训并重的现代职业教育体系"的要求,充分利用校内外资源、科研平台和政策扶持,促进资源在区域内流动与优化配置,形成"政军行企校"五方教育合力,积极推进各主体要素融合,全力做好学历教育与培训工作双轨融通,打造具有航空特色职教类型教育新高地。

二是在体制改革、机制创新上求突破。 出台了《领导班子联系思政课教师制度》《校、院两级领导听思想政治理论课制度》《西安航空职业技术学院课程思政实施方案》等制度,创造性地出台了《辅导员职级晋升办法》,打通了辅导员职级晋升的通道,解决了辅导员作为思想政治教育工作一线人员流失的问题。成立了"三全育人"研究院。"三全育人"研究院下设"三全育人"研究院办公室,与马克思主义学院合署办公。2020年8月,学校与武汉大学、深圳职业技术学院等10所高校入选人民德育"三全育人"课程思政教育资源建设示范院校。

三是在价值引领、课程育人上出实招。 打造了"一体两翼"的思政课教学模式,总结提炼了"434教学法",即注重发挥教师在课堂理论教学中的导向、导学、导思、导练这4个主导作用,把课堂教学分为课前思考、课中启发、课后实践3个环节,以及运用好多媒体技术蓝墨云班课、微博、微信、微

视频4种教学手段,提升了学生对社会问题、社会热点的关注度和思辨能力,增强了思政课堂的鲜活度和吸引力;印发了《西安航空职业技术学院"课程思政"改革实施方案》,成立了课程思政研究中心,设立专项研究课题,征集了"课程思政"案例集,举办了思政课程与课程思政大练兵教学展示(课程思政组)活动比赛,课程思政与思政课程协同发展、价值引领与知识传授同频共振的良好育人局面已悄然形成。

四是在凸显特色、文化育人上见实效。学校落实立德树人根本任务,将社会主义核心价值观贯穿人才培养全过程。学校按照"以群建院"的思路,重新组合通用航空学院、航空维修工程学院等二级学院,形成以飞机机电设备维修、无人机应用技术等专业群为龙头的对接航空全产业链的专业群体系。在人才培养过程中,加强航空职业素养与职业精神的融合,厚植学生敬业乐业、航空报国的职业情怀,培养学生精益求精、追求卓越的工匠精神。以文化人,以文育人,推动航空特色校园文化提质升级。培养出一批产业急需、德技并修的技术技能人才,将学校建成航空特色鲜明的杰出技术技能人才培养高地。

三、强阵地,力促意识形态守正创新

一是倾力打造西航职院官方全媒体矩阵。作为高校思想政治教育网络阵地,西航职院官方全媒体矩阵先后荣获了中国教育报、中国青年报、陕西省教育厅、快手科技、抖音等平台评选的多个全国性大奖。近期,学校在中国青年报和中青校媒联合主办的"2020校媒精英汇暨全国高校融媒体提升论坛"上,获评"2019—2020年度全国职业院校官微十强"。

二是探索"三心两翼"易班思政教育新模式。即"以立德树人为核心、以服务学生为中心、以培养学生为重心,以易班优课思政课程和易班思政教育活动为两翼"的易班网络思政教育模式,实现了线下有过程,线上有数据,总结有成果,线上线下同时发力,易班在做好高校意识形态建设与新时代网络思想政治工作的效能初步显现。

近年来,西航职院全媒体矩阵和易班网络思政平台作为网络思政教育

的两个育人推手,在讲好西航故事、发出西航声音、主动回应新时代网络育人要求、牢牢把握意识形态话语权方面频频发力。

三是锤炼高尚师德,力行师德规范。学校将2020年定为"师德师风建设强化年",开展全员师德培训活动,坚持所有培训必讲师德,把师德师风培训纳入各类培训第一讲。加强新入职教师教育,在教师节为新入职教师举行入职仪式,佩戴校徽,发放《新入职教师学习手册》,进行忠诚党的教育事业、弘扬高尚师德、传承"西航精神"等教育活动。强化青年教师导师制培养,为青年教师配备师德高尚、业务精湛、责任心强的导师,实现优秀师风传统的传承和发展;开展"师德师风标兵""先进个人""最美教师"等评选活动,引导广大教师以德立身、以德立学、以德施教、以德育德,为学校"双高"建设提供坚实保障。

四、筑堡垒,推动基层党建固本培元

一是优化结构,制度为先。成立了学生分党委,优化了党组织结构。出台了《西安航空职业技术学院党建工作责任制实施办法》《西安航空职业技术学院关于进一步严格规范党的组织生活实施细则》《关于提高民主生活会质量的若干规定》,印发了《关于进一步落实"三会一课"制度深入推进"两学一做"学习教育常态化制度化的通知》,建立健全了"三会一课"的考勤、会议记录等制度,确保时间、人员、内容、频率四到位,进一步规范了各级党组织和党员的组织生活。出台了《加强新形势下基层党组织建设的若干规定(试行)》《关于做好党建目标责任考核的通知》等文件。创建了党建工作例会制,深入开展了党建工作调研;建立健全了二级单位党政联席会议、二级学院党政领导交叉任职、党总支书记抓党建述职述廉等制度,建立了全覆盖的考核激励体系,推进基层党建工作制度化、规范化、效能化;坚持实行党总支书记向党委开展抓思想政治工作和党的建设述职述廉,推动党支部述职评议考核全覆盖;实施校级领导联系服务人才制度、党员领导干部联系点制度,班子成员带头听取人才意见建议,帮助解决实际问题,密切思想感情联系。

二是头雁领飞,样板示范。以党建"双创"为抓手,实施教师党支部"双带头人"培育工程,引领带动学校党建工作和事业发展呈现新局面。学校已形成党建"双创""校级—省级—国家级"培育创建体系,获批全国"样板支部"3个,省级"标杆院系"1个、"样板支部"1个,省级以上创建单位数量在全省高职院校中首屈一指,党建工作"标杆院系""样板支部"已成为推进"双高校"建设的重要基层组织力量,通过树标杆、立标准、作示范,形成党建点线面齐步走的良好局面,带动基层党建一片红、红一片。学校启动教师党支部书记"双带头人"培育建设工程,制订建设方案,明确建设标准,遴选建立2个校级"双带头人"教师党支部书记工作室,推动教师党支部书记普遍成为"双带头人","头雁效应"在履行党的建设和专业建设双重责任中的作用已初步彰显。如:航空制造工程学院教工党支部致力于将党建工作和业务工作融为一体,完善支部工作制度及工作流程,编写整理《书记"六会"手册》《支委培训手册》等,汽车工程学院学生党支部利用学校与企业两种不同的教育环境和教育资源,积极探索现代学徒制模式下的育人育才和学院党建工作对接融合的有效模式,组建"企—师—生"三位一体的基层组织建设共同体。

目前,学校已形成了以党建"双创"强基铸魂,深入推动基层党组织"规范化、标准化、信息化、品牌化"建设,发挥"样板支部"示范带动效应,形成"纵向到底、横向到边"的全覆盖党建工作机制,为"双高"建设保驾护航。

立梁架柱 建章立制
无人机应用技术国家高水平专业群推进路径探索与思考

——西部"双高计划"建设研讨会交流材料

（2020年10月28日）

无人机应用技术专业群是西航职院"双高计划"高水平高职学校重点打造的两个高水平专业群之一，学校计划投入资金8000余万元，重点围绕"一加强五打造四提升"10项重点建设内容，按照"引领消费级无人机、支撑工业级无人机、服务军用级无人机"的发展思路，推动无人机应用技术专业群高质量发展。2020年作为高水平专业群推进起始之年，专业群重点工作聚焦搭平台、建机制，为专业群高质量推进提供机制和政策保障，营造干事创业良好氛围。

一、战略目标：一流引领，对标对表

（一）组群逻辑

面向无人机产业市场运营和综合保障链环，聚焦产业链中装备维修、改装、应用和综合保障等岗位核心能力构建专业群。无人机应用技术专业主要涉及装备调试、驾驶技术和应用领域，对应装调、操控、作业岗位；机电一体化技术专业为设备运行、系统控制、通信导航、故障诊断等方面提供技术支持，主要对应装调、操控、保障岗位，两个专业为无人机装备及任务载荷作业的关键岗位提供技术支撑。通用航空器维修专业保障无人机及通用航空装备作业前后安全运行及装备改装，对应保障与装调岗位；摄影测量与遥感技术专业主要对应航空测绘领域作业岗位，助力通用航空应用的多元化发展。四个专业互相交叉、渗透、融合，具有相同的产业背景，技术领域相近,就业岗位相关,能实现资源共享和协同发展。

以产业岗位所需能力和生产作业流程为依据,结合课程内容和教学条件,专业群形成了以无人机应用技术、机电一体化技术专业为核心,摄影测量与遥感技术、通用航空器维修专业为辅助支撑的架构,合力为无人机产业应用领域提供技术支撑。

(二)建设目标

在专业群任务修改中,结合教师自身现状,我们将建设任务分解为攻坚克难、提质增优、开拓创新等5类,分类分级分解到人推进。

指标设定和推进过程中,按照1个定位、2条主线、3个重点进行推进,西航职院无人机是全国首开单位,要不断努力保持无人机应用技术领域职业教育的全国"头雁"地位。在各类任务推进过程中,一条主线是高质量完成"双高计划"验收任务,另一条主线是参照职业本科的专业设置标准推进各项工作。建设总体目标是全力打造无人机应用技术领域人才培养和社会服务方面"样板间",做到引领消费级无人机,支撑工业级无人机,服务军用级无人机发展。

(三)推进过程

一是逐层传递压力、逐级落实任务。参照三年行动计划的任务和项目推进要求,将我们的10项重点建设任务分解为655个项目布点,逐项落实到人、责任到人。通航学院人均承担项目布点15.23项。**二是**重点任务、重点突破。针对10大建设任务,我们系统研究,分解为4大工程、15项计划,通航学院领导每人主抓一项工程,副高职称以上教师,每人须在2020年内,以1项计划为载体,申报厅局级以上课题1项,同步推进理论研究与实践探索。**三是**校校联合、校企合作。在推进举措上,我们以校企合作为抓手,以开放共建的原则,与无人机专业群另一建设单位——天津现代等建立共建机制,并积极发动校内其他学院、其他部门老师承接我们建设任务,建立理论研究与实践探索一体化推进机制,共同把专业群建设任务压实压紧。**四是**系统推进,重点培育。在具体项目分解中,一体化推进重大项目和名师培养,对教授、副教授、讲师等分类分解压实建设任务,特别对省级以上教学名师等,压重任务,在完成国家级在线开放课程等重大项目中,培养有分量的国家级教学名师,实现项目有质量、工作有业绩、职称有提升。

要求和帮助教师树立强烈的成果意识,以教学成果奖、科技进步奖的评审标准,设计好课题研究重点建设内容,在每个课题、每个项目的推进过程中,不断强化成果意识、系统推进意识和质量意识。

二、主动作为:夯基垒台,攻坚突破

(一)以群建院

2020年1月,学校以群建院,重新优化组合新通航学院,需要将原自动化学院机电一体化专业、电子学院航测专业划拨通航学院,将原通航学院机场运行专业划拨至航管学院。目前通航学院有学生1700余人,开设无人机应用技术等5个专业。

(二)主动作为

2020年以来,通航学院防疫不松紧,"双高"不停歇,截至今天,完成了1份国家级教学标准通过教育部验收;在学会的支持下,正在完成2份虚拟仿真教育部人才培养方案;申报"1+X"2项,获批厅局级以上课题4项,还有1项教育部项目正在评审;申报专利25项,其中发明型专利18项;制订了2份考核办法,获得省高校科技奖1项,编制了专业群人才培养方案1份,1人次获得省暑假三下乡活动优秀教师,1个班级获得省团建样板支部等。

(三)夯基垒台

周岩书记、赵居礼校长以及张敏华副校长带队,走访企业,跑要项目,通航学院与部分企业在高技能人才培养基地、产业学院、工程技术中心、院士工作站等方面达成了初步意向。合作企业方面,按照对接高端、服务高端的总体发展思路,加强与全球民用无人机领域领军者深圳大疆创新合作项目;和全国垂直起降固定翼无人机领军者四川纵横签署了共建产业学院的协议;与全国最大的无人机科研生产基地西安爱生技术集团公司(即西工大365所)达成合作意向;等等。

(四)专业群人培方案

按照"集群推进、交叉融合、课岗对接、书证融通"的思路,我们初步制订了无人机专业群人才培养方案,实现岗位交叉、课程融合。这是专业群中无人机应用方向的课程进程表,在课程安排中,我们初步实现了群内四个专业在课程体系方面的"底层共享、中层融通、高层互选"。

三、强化保障:目标导向,绩效考核

在加快推进专业群建设同时,做好保障措施。**一是**建立绩效管理体系,实现绩效评价、追赶超越、过程管理。**二是**将任务逐级分解至每位教师,压实任务,努力做到"发展没有局外人,千斤重担一起担"。**三是**作为专业群的管理人员、通航学院领导班子,系统做好顶层设计和实践协同推进工作机制,全力做好服务工作。**四是**按照学校二级考核办法和特殊工时绩效奖励办法,制定了通航学院的二级考核办法。如将基础工作量和绩效工作量按照2:8进行分配;规定连续2年考核后10%教师不得参加职称评定;对通航学院领导班子按照分工业绩在学校8个二级学院排名进行考核。建立以绩效目标为导向的保障机制,是鼓励大家干事创业、积极作为。

四、深入思考:抱团取暖,共解难题

在推进中,也有一些尚未厘清的问题,**一是**疫情防控体系下,人才培养国际化如何深入推进;**二是**航空国防安全限制下教师的企业服务能力如何快速提升;**三是**协同育人机制下,高水平技术技能平台如何快速发挥作用;**四是**生源危机条件下人才培养质量如何稳步提升。

第二部分

"双高"建设绩效大案例

"坚守初心终不改,航空报国志不渝"

——西航职院"11224"党建工作模式

西安航空职业技术学院始终坚持社会主义办学方向,坚定执行中省决策部署,强化党委"把方向、管大局、作决策、保落实"的领导核心作用,跟进服务航空事业,坚守航空报国初心,统筹推动党建育人,组织育人,文化育人,传承航空基因,彰显文化引领,探索出了具有航空文化特色的"11224"西航党建模式。

一、"1"种文化——以"西航精神"为核心的航空文化

(一)培育以航空报国为主线的价值导向

西安航空职业技术学院建校60余年,因航空而生,伴航空而长,随航空而强,"航空报国"是根植于几代西航人血脉并薪火相传的红色基因,更是西航人矢志不渝的奋斗初心和家国情怀的真实写照。学校始终秉承"尚德躬行、笃学擅用"的校训,发扬"艰苦创业,团结奉献,育才树人,航空报国,追求卓越"的西航精神,凝练形成了"明德敬业、严谨求是"的校风,构建了西航人崇高的价值追求。这些宝贵的精神财富渗透到各级基层组织,渗透到人才培养全过程,形成了"全员、全过程、全方位"文化育人的新格局,实现了知识技能与价值引领的有机融合,在培养什么人、怎样培养人这一时代命题上给出了西航的答案,同时也提供了引领中国航空职业教育发展、创新人才培养实践的示范和样本。

2017年12月,在全国深入贯彻落实党的十九大精神之际,学校召开了第二次党代会,会议主题是:高举习近平新时代中国特色社会主义思想伟大旗帜,团结带领全体师生员工,不忘立德树人初心,牢记航空报国使命,开拓创新,砥砺前行,为建设特色领先、国内一流、国际知名的高水平高

职院校而努力奋斗。西航职院人的中国梦就是航空强国梦,就是西航梦,以此来涵养培育教职工的职业素养、广大学子的工匠精神。

(二)建立以立德树人为根本的育人体系

学校创造性运用CIS战略,在立足跟进服务国家航空事业、厚积航空文化精神基础上,结合高职教育特点,以人才培养方案为纲领,以学生素质证书制度为载体,将立德树人贯穿于人才培养全过程。以"课程思政"改革为抓手,推进文化育人链与专业培养链的有机融合,创新了富有航空文化特色、传承航空工匠精神的高职院校文化育人体系,推动了高职文化育人模式的系统性、综合性改革,形成了以"三全育人"为主线的文化育人格局。近几年,学校完善的航空文化育人体系不断得到总结和凝练,成果先后获得全国航空行指委教学成果特等奖1项、陕西省教学成果一等奖1项、省级校园文化育人成果奖10项,为高职院校文化育人工作提供了可借鉴的经验和做法。

(三)打造以航空文化为主体的育人载体

在价值追求的引领下,学校构建多元育人载体。**一是**先后成立了马克思主义学院、通识教育学院、体育与健康管理学院、继续教育学院、创新创业学院和国际教育学院6个特色学院,强化学生理想信念教育、意识形态教育,厚植航空报国情怀。**二是**以"航空产业与教育对话论坛"等交流平台为载体,促进教育与产业、学校与企业的理念沟通、精神相通、文化认同。**三是**以航空科技馆、校史馆、图书馆等平台为载体,使航空精神外显于物态文化建设中,让师生可见可感。**四是**以300余项制度规范为载体,促进航空文化、职业精神内化于心、外化于行、固化于制。**五是**以课堂教学为载体,讲好航空故事,创设实践课堂职业氛围,推进融入航空文化的课程改革,促进第一与第二课堂联动。**六是**以"蓝翔航模社"等60余个学生社团为载体,每年举行190余项学生文化活动,使学生成为传承弘扬航空精神、践行社会主义核心价值观的主力军。**七是**以新媒体引领的校园媒体矩阵为载体,发挥导向和激励功能,提升文化传播力和影响力。

2019年,学校通过国家"双高计划"遴选,成为全国56所"中国特色高水平高职院校"的建设单位之一。学校航空文化育人实践在国内处于先进水平,推动了航空产业与高职教育在文化上的对接融合,实现了社会主义核心价值观在学校"培育有抓手""践行有载体"。社会各界对学校航空精神文化育人实践成果也给予广泛关注,中国教育报、中国青年报、中国航空报、新华网等20余家全国性媒体累计报道100余次。"党建引领、文化育人"的实践促进了高质量育人、高水平就业,产生了良好的示范和推广价值,探索出了一条具有航空特色、传承军工基因、体现工匠精神的高职教育文化育人的新路子。

二、"1"个体系——基于党政同步同行的"大党建"考核保障体系

(一)整合优化"大党建"考核体系

在总结学校近六年二级管理考核及党建考核经验的基础上,结合学校"双高"建设目标任务,大力改革考核体系,将"宣传思想及精神文明""基层组织建设""党风廉政建设""年度目标任务完成情况""基层党组织书记抓党建述职评议"等专项考核融为一体,设置考核指标体系。通过专项整合,实现了党建与业务工作的深度融合提升,改变了过去党建考核中多头考核、针对性不强、重"痕"不重"绩"等弊端,较好地实现了党建考核的激励作用,调动了广大师生以党建提升干事创业积极性。

(二)科学运用"大党建"考核结果

学校党委坚持将"大党建"、中层领导干部考核、部门及党政后考核同部署、同推进,科学有效地运用考核结果,持续深化"三项机制"改革,助力追赶超越。制定推进"双高"建设目标任务高质量完成的综合激励办法,不断优化中层干部、质量工程、科研成果、重大突破工作等考核奖励办法,确保发挥协同联动效应。

近三年,学校党委书记向省委高教工委述职述廉连续为好,学校两次

目标考核为优秀等次。2019年,学校党建工作典型案例被省级教育领导工作小组作为优秀案例报送上级组织部门。"大党建"考核体系的改革,带动了全校党建、业务工作整体向好发展的局面,为高质量高水平推进"双高"建设、着力创建中国特色高水平高职学校和专业群提供有力的体制机制保障。

三、"2"支队伍——一支西航"铁军"、一支高水平人才队伍

(一)打造一支忠诚干净担当的"西航铁军"

学校党委坚持德才兼备、以德为先的用人标准,以打造一支忠诚干净担当的"西航铁军"为目标,狠抓"选、育、用、管"四个环节,不断优化干部队伍结构,建立起一支对党忠诚、素质优良、数量充足的干部队伍。

一是突出政治标准,健全事业为上的选拔体系。坚持事业为上、人岗匹配,将"民主推荐＋竞争上岗""部门推荐＋大会推荐"相结合,进一步从选人用人的"源头上"扩大民主。**二是**优化梯次固本,健全素质培养体系。进一步创新机制,挖掘在教学一线表现优秀、在完成重大任务等工作实践中有突出贡献的优秀年轻干部,搭建干部成长平台。**三是**精准考核研判,健全知事识人体系。学校创新推行"望闻问切"四步工作法,"望诊"看实绩,"闻诊"听评价,"问诊"找差距,"切诊"明导向,不断强化一线考察结果的分析运用,建立干部表现实绩档案。**四是**坚持统筹规范,健全干部管理体系。坚持把政治监督摆在首位,着力落实"两个维护"要求,把日常监督与疫情防控、脱贫攻坚、事业发展等工作有机结合,用好三项机制,切实破解干部"能上不能下"难题。

(二)建设一支高水平人才队伍

学校始终坚持人才是第一资源的理念,通过内培外引、专兼结合等方式,打造高水平"双师型"教师队伍。**一是**转变观念,切实加强服务人才的意识。建立以政府奖励为导向、学校和社会力量奖励为主体的分层次多样化人才奖励体系。**二是**完善制度体系,不拘一格引入和破格使用技能高

超、业绩突出的能工巧匠和高技能人才,发挥其在学生技能大赛、推动实践教学方面的作用。**三是**引聘并举聚集人才,依托中国航空城航空从业人员集聚的人力资源优势,引进大师名匠,组建千人兼职教师数据库;聘请航空领域知名专家,建立院士工作站。**四是**总师引领分类培养,不断健全教师分类培养体系,打造"双师型"教师团队;通过内培外引航空企业总师素质的专业群带头人,培养一批能解决航空领域关键技术难题的骨干教师及技术能手。

2018年1月15日,学校成功召开人才工作会议,中国航空报、陕西日报等16家媒体嘉宾出席会议。人才工作报告指出,学校不断加强对人才工作的组织领导,成立了人才工作办公室,出台了《高层次人才引进办法(试行)》《高级人才激励管理暂行办法》等一系列涉及人才队伍发展的重要文件,形成了集人才引进、使用、培养、服务于一体的人才梯队建设长效机制。此次会议的成功召开,极大地推动了学校人才队伍建设工作。近三年学校累计引进120余名各类人才,培养出"国家万人计划教学名师"1人,全国优秀教师1人,全国职业教育先进个人1人,黄炎培职业教育杰出校长、杰出教师各1人,二级教授2人,国家级职业教育教师教学创新团队1个。

四、"2"融促进——党建、业务"两融和",双提升

(一)校地融合

学校充分利用区域优势,在党建和业务方面实现"校地融合"。与阎良区政府及西安飞机工业集团有限公司、中国飞行试验研究院、中国飞机设计研究院三家龙头企业在党建工作、教育资源、文化设施、顶岗实习、人才交流等方面开展合作,与区域经济社会发展相融合,与航空产业转型升级同频共振。学校积极与上级部门陕西省教育厅工委办公室建立党建联盟,充分发挥政府指导职能,定期召开专题会议,共同就党建工作、学生管理工作等开展交流研讨,实现党建、业务工作融合提升。

(二)校企融合

为了解决学生在企业顶岗实习期间的思想教育、组织生活等问题,学校基层党组织坚持"校企融合",将支部建到企业上。航空制造工程学院教工党支部与航空工业第一飞机设计研究院飞豹科技公司第八、第九党支部联合建立"2+2"结对共建机制,开展系列"弘扬航空工匠精神"主题活动,促进了校企合作和教师航空工匠精神培育。汽车工程学院学生党支部与威海广泰集团有限公司联建学生临时党支部,加强学生顶岗实习期间组织工作,实现以党建工作促学生顶岗实习工作。

五、"4"化支撑——"规范化建设、标准化落地、信息化支撑、品牌化发展"

(一)规范化建设

一是优化党组织机构设置。学校党委设立了学生分党委、教师工作部,进一步优化了党组织结构,持续规范各级党组织和党员的组织生活。**二是**加强制度建设。出台了《加强新形势下基层党组织建设的若干规定(试行)》《关于做好党建目标责任考核的通知》等文件,完善了二级单位党政联席会议、二级学院党政领导交叉任职、党总支书记抓党建述职述廉等制度,坚持实行党总支书记向党委开展抓思想政治工作和党的建设述职述廉、党支部书记向党总支开展抓思想政治工作和党的建设述职评议考核制度。**三是**重视党员发展和教育。严格落实《陕西省发展党员工作规程(试行)》,专人负责发展党员工作,强化入口来源,严格发展程序,提升党员质量。**四是**构建多元化党建阵地。成立全省高职首家马克思主义学院,搭建"时政大讲堂"和"红帆学社"两个思政互动平台,创新实施了"一体两翼"思政课教学模式。创建多样化实践教育平台,建设5个党建活动中心,建立了3个校外教育基地、2个党员活动基地,促进党建工作不断深化。

(二)标准化落地

学校共获批全国"样板支部"3个,省级"标杆院系"1个、"样板支部"1

个,形成了党建"双创""校级—省级—国家级"的培育创建体系。通过设立党员示范岗、树立身边榜样、开展经验交流等,树标杆,立标准,形成党建点线面齐步走的良好局面,带动基层党建一片红、红一片。

(三)信息化支撑

一是打造了"智慧党建"网络平台。投入专项经费,构建"西航职院智慧党建"网络平台,设置十余个应用模块,实现了党建工作的规范化、便捷化、信息化。**二是**推进新媒体阵地建设。进行正能量网络引导,将思政教育放到学生们的"指尖"。学校在全国高职院校微信公众号影响力排名持续保持在"第一矩阵"。三是深度利用"学习强国"。学习强国平台实现全员覆盖,定期公布总支排名,形成每日坚持学习的良好风气。

(四)品牌化发展

在"不忘初心、牢记使命"主题教育期间,学校不断总结党建经验,先后形成基层党组织典型案例8个,实现党建工作"品牌化"。其中4个案例被委厅"不忘初心、牢记使命"主题教育《简报》刊载,"西安航空职业技术学院党建引领,推动学校创新发展"被中共陕西省委教育工作领导小组主办的简报——《陕西教育工作情况》(2019年第11期)刊载。

实践证明,党建强则教育兴。西安航空职业技术学院将坚决贯彻落实党中央各项决策部署,以实际行动践行立德树人初心、诠释航空强国使命。

"三融战略"引领　五方协同育人
聚力打造航空职业教育标杆

西安航空职业技术学院长期以来以"一章八制"为统领，系统构建适合高职教育特点、运转灵活高效的办学体制和管理机制，着力营造以人为本、民主和谐、共建共治、开放共享、富有活力的办学环境。近年来，学校尤其在多元共治、协同育人方面形成了以"产教融合、校地融合、军民融合"的"三融战略"为引领，以学校牵头组建的陕西航空职业教育集团、陕西西安航空城职教联盟等平台为依托，以"八共"人才培养模式为抓手，构建了"政军行企校"五方共建、共治、共享的协同育人机制，推动学校治理能力和人才培养高质量发展。

一、坚持战略领航，系统谋划发展方向

（一）战略领航，把好科学发展"方向盘"

学校紧紧抓住国家航空产业大发展的战略机遇，"十一五"期间，在实践中提炼形成了"教育与产业结合、学校与企业结合、教学与生产结合、学习与就业结合"的"工学四合"系统模式。"十二五"期间，总结提炼出了"融合发展、合作发展、特色发展、内涵发展、创新发展""五大发展"理念，推动了学校发展从外延式向内涵式的转变。"十三五"期间，学校进一步紧跟"中国制造2025"国家战略和职业教育改革发展趋势，结合学校发展历史、办学特色、行业优势以及地域特点，提出了"三融战略"。该理念以产教融合为主体，以军民融合和校地融合为"翅翼"，是"工学四合"和"五大发展"理念的继承和发展。学校在不断融合、思考、改变、总结、提炼中逐渐形成了对接国家航空产业、引领职教改革的先进办学理念，校准新时期学校发展新航向。西航职院不同阶段发展理念如图1所示。

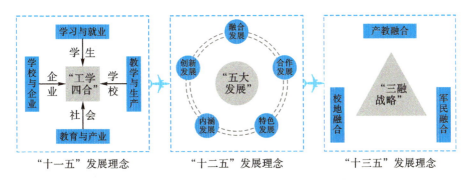

图1 西航职院不同阶段发展理念简图

(二)聚焦主业,精耕航空职教"责任田"

西安航空职业技术学院是唯一入选"双高计划"立项建设单位的航空类职业高等院校。学校在全国职业教育中首开飞机发动机维修、无人机应用技术等一批航空类专业。学校曾隶属空军系统40余年,获赠型号齐全的军机发动机56台、飞机25架等核心实习实训设备。学校形成了CIS航空文化育人体系,在师生心中根植了"航空报国"的崇高使命,现对接航空全产业链形成航空材料、航空制造、航空维修、航空服务等专业集群。"三融战略"发展理念也是以"航空城"和"航空工业"为视域、以"航空类高素质技术技能型人才培养"为核心责任的系统化、体系化战略体系。学校聚焦航空产业发展人才需求,致力服务陕西地方经济发展,突出军航维修、民航机务、通用航空技术应用等领域人才的培养。

二、落实五方共育,高效聚集发展动力

(一)建章立制,合作发展成效显著

在"三融战略"的引领下,学校整合"政军行企校"五方力量,由政府、军队和行业牵线搭桥,加强学校与区域内企业间的深入合作,整合五方力量共建了陕西航空业职教改革试验区、陕西航空职业教育集团及航空城职教联盟等多维立体合作平台,并通过打造育人平台、重构育人体系、制定运行保障机制等路径,构建了紧密、长效、灵活、多元的五方共建、共治、共享的协同机制。五方各司其职、各担其责,围绕职业标准及人才培养标准确定、

教学资源开发、实训基地建设、实习实践开展、"双师型"队伍打造、职业资格鉴定、创新创业项目、就业岗位对接、企业员工培训、退役军人及农民工培训等方面展开深入合作,解决了如何将政府、行业、企业、军队、学校五方的政策、资源、人才、技术、文化优势转化为教学优势的难题。在此机制下五方共建国家级高水平专业群2个、国家级教学创新团队1个、省级科研创新团队2个,共建"中国人民解放军5702产业学院""成都纵横无人机产业学院"等产业学院8个,建立"大学生就业与实习基地"108个、"教师企业实践基地"109个,以及一批大师工作室和技术协同创新中心。在校内,学校在此基础上形成了"169"的教学管理体系。"169"即"一个中心、六个特色学院、九个二级专业学院"。同时,每个专业学院按照"1+1+N"模式管理,即"一个专业学院对应一个高素质技术技能人才培养基地加一个技术服务平台和N个产业学院"。五方聚集发展动力,高效推动学校优质教学资源与地方高端航空资源优势共享、短板互补、深度融合、协同发展(图2)。

图2 西航职院"政军行企校"五方共建"双高校"推进会

(二)协同共育,聚集发展动力强劲

依托五方协同机制,学校建立了"专业设置共议、课程体系共定、师资队伍共建、教学内容共研、实训基地共用、教育资源共享、校企文化共融、培养效果共评"的"八共"育人模式,形成了一体化、全过程的五方协同人才培养模式,实现航空类专业建设与行业企业对接、教学过程与企业生产过程融合、教学内容与职业标准衔接。五方在航空领域共商开设专业20余个,互聘师资和技术人员100余名,共研人才培养标准和岗位标准100余个,协同制定课程标准150余个,共同开发教材20余本,共建师资培训和实习基地100余个,等等,并开展了一系列协同育人具体实践,解决了航空业人才新需求与学校人才培养质量、企业技术革新与教学内容相脱节的难题,着力化解航空类高端技术技能人才企业需求侧和学校人才培养供给侧的结构性矛盾(图3)。

图3　高素质技术技能人才培养基地授牌仪式

三、推进四个专项,打造航空技术技能人才培养高地

(一)五育并举,实施航空职业素养提升计划

积极推进新时代中国特色社会主义思想"三进"工作。制订了《西安航空职业技术学院"课程思政"改革实施方案》,组织了课程思政教学设计校级比赛、课程思政优秀案例征集评选活动,开展课程思政专项研究554项。2020年陕西省教工委组织的思政大练兵活动中,学校教师获思政课程"教学标兵"、课程思政"教学能手"各1人。

不断完善学校美育条件及美育教学。出台了《西安航空职业技术学院关于落实加强新时代美育工作的意见》。成立了学校美育工作领导小组;将公共艺术课列入必修课程,大学生艺术中心为全院开出公共艺术课程32门,其中6门传统文化课程、2门非遗大师课;完成14场"高雅艺术进校园"系列活动,内容包括歌舞、朗诵、戏曲、戏剧等,举办2次"校园之春"文化艺术节,邀请知名专家来校开设"美育名家大讲堂"2场。

持续加强劳育培养学生崇尚劳动。制定了《西安航空职业技术学院加强新时代大学生劳动教育工作的实施意见》。成立了劳动教育科,将劳动教育理论学习以必修课形式纳入人才培养方案;通过实习实训环节融入劳动安全、劳动态度教育;通过第二课堂开展生活性劳动和服务性劳动,培养学生热爱劳动,增强其以劳为美、劳动光荣的认同。

全面实施素质教育证书制度。从2020级学生起,全面实施《西安航空职业技术学院素质教育证书》制度。素质教育证书测评内容包括学业素质、思想道德素质、职业素质养成、身心健康素质、特色文化素质、创新创业能力素质等方面,以第二课堂形式开展,通过网络易班开始实施管理和评定。

(二)产教融合,实施航空杰出技术人才培养计划

不断扩大现代学徒制试点规模。我校是教育部第二批现代学徒制试点院校,在试点项目成功验收的基础上,学校先后与中国人民解放军空军第5702工厂、第5720工厂、陕西国一四维航测遥感有限公司等单位签订现代学徒制人才培养协议,在飞机机电设备维修、飞机制造技术、地面遥感与测量等技术技能含量高、复合型人才需求迫切的4个专业5个班中开展现代学徒制培养(图4)。

图4 学校与中国人民解放军空军第5702工厂现代学徒制签约暨拜师仪式

持续提升校企合作质量和深度。学校牢牢把握服务地方经济社会发展的职责,以企业定制班的形式为航空产业基地和陕西省航空航天企业提供高质量的人才输出。学校与驰达飞机零部件公司、三角防务股份、陕西飞机零组件、航天六院、航天四院等单位签订36个企业定制班,对接企业需求修订专项人才培养方案,将企业需要的个性化课程前置到校内培养阶段,在企业开展针对性强的跟岗、顶岗实习,毕业生得到了企业的广泛好评。

深入探索长学制复合型人才培养方案。学校依托陕西理工大学和西安航空学院这两个应用型普通本科高校,在机械制造与自动化、电气自动化技术两个专业先行开展长学制复合型人才的培养。学生生源来自上述两个学校专升本计划,结合应用型本科和职业教育本科对人才的定位和要求,我校主导制订了这两个专业的人才培养方案,学生在我校校内以及学校深度合作企业中完成全部培养工作,这为我们开展职业教育本科层次的教学积累了宝贵经验。

(三)提质培优,实施"创新人才"培养计划

扬长教育,学分替换先行先试。出台《西安航空职业技术学院大学生技能竞赛学分和成绩替换暂行办法》,针对高职学生特点,鼓励学生通过技能大赛、科技发明获取学分替换课程学分。按照"校赛选苗子、省赛育种子、国赛拔尖子"的思路,通过各类学生社团培育、"校、省、国"三级大赛洗礼,培养技术技能"创新人才"。近两年,学生参与各级各类大赛达15000人次,共获得国家级技能大赛奖项12项、省级以上奖项210余项。

专创融合,"双创"教育如火如荼。学校重视"双创"教育,各专业除了将创新创业教育纳入必修课程外,还要求结合专业特点至少开设一门创新设计课程。学校成立创新创业学院,聘任社会兼职"双创"导师80人,组织"双创"课程研讨会6次。2020年获挑战杯创业计划竞赛国家级金奖1项、银奖1项;"互联网+"创新创业大赛银奖2项、铜奖1项;中华职业教育创新创业大赛银奖1项、铜奖1项。

(四)书证融通,积极推进"1+X"证书

积极参与职业技能等级证书标准制订。学校要求各专业带头人和骨干教师积极参与和专业相关的职业技能等级证书标准的研制,同时将相应证书中对知识、能力、素质要求融入课程体系和课程内容。我校教师目前参与了无人机驾驶技术、机器人维护技术等6项职业技能等级证书的标准开发和研制工作。

稳步推进职业技能等级证书的培训认证。近两年我校先后获批Web前端开发、网店运营推广、工业机器人应用编程等17个职业等级证书项目的试点工作。目前已开展Web前端开发等7个项目的培训认证工作,近两年培训人数近千人,认证学生人数达到897名。

高端集聚引智精育
打造航空特色高水平师资队伍

西安航空职业技术学院全面贯彻党的十九大精神及全国教育大会精神,坚持人才强校战略,按照"师德高尚、教技双馨、创新卓越、国际一流"的人才队伍建设标准,依托中国航空城从业人员集聚的人力资源优势,不断深化人事制度综合改革,以总师、大师、名匠为引领,突破人才发展瓶颈,激发人才成长内生动力,打造一支师德师风高尚、教育理念领先、教学能力卓越、科研能力突出的高素质、高水平、结构优良的师资队伍,为学校"双高"建设提供了智力支持和人才保障。

一、师德为先 强化考核 筑牢立德树人根基

学校坚持立德树人根本任务,传承优良军工传统,全面规范教师师德师风行为。出台了《进一步加强和改进师德师风建设的实施意见》《师德建设暂行办法》,成立了党委教师工作部,建立了党委统一领导、教师工作部统筹协调、相关部门合力推进、二级党组织发挥主体作用的教师思想政治教育工作机制。

一是加强师德师风教育。 通过组织教职工赴西北大学侯伯宇纪念馆、交大西迁馆、延安革命教育基地、井冈山革命教育基地等省内外教育基地进行实地参观学习和开展师德师风专题网络教育培训等形式,建立多渠道、多层次的教师职前、职后一体化的师德教育培训机制。

二是建立师德师风监督考核体系。 出台了《师德考核暂行规定》《师德师风负面清单及师德失范行为处理办法》等文件,把师德师风建设与其他工作有机结合、深度落实。每年度开展师德考核工作,将师德考核结果与教师职称评审、职务晋升、评优评先、绩效考核紧密挂钩,实行"一票否决"。

三是将师德师风建设与弘扬"西航精神"相结合。 学校成立于1958年,曾隶属于空军40年,孕育形成了"艰苦创业,团结奉献,育才树人,航空报国,追求卓越"的"西航精神""尚德躬行,笃学擅用"的校训、"明德敬业,严谨求是"的校风和"崇德仁爱、守正致远"的教风,并以"西航精神"和校训、校风、教风来激励和引导广大教师爱校、荣校、强校、兴校,静心从教,潜心育人,争做"四有"好老师,为学校发展前行汇聚。

二、立体多元　精准培养　实施教师成长工程

不断加大教师培养工作力度,教师培养全面化,实施教师成长工程,提出了教师"善教学、能科研、强实践"新的能力标准。针对教师成长不同时期发展需要,形成了"校本培训、企业锻炼、国内访学、海外研修"立体多元的教师培养培训体系。构建与教师工作相关的奖励与职称评审挂钩的激励机制,进行多元评价,激发教师在教学、科研、社会服务等全方面的主动性。

一是强化青年教师培养。 通过"结对子、搭台子、指路子、压担子"帮助青年教师快速成长。"结对子"是发挥"传、帮、带"作用,开展青年教师"导师制"培养工作。出台了《青年教师培养管理办法》,选聘具有丰富教学经验的副高级职称以上教师担任新入职青年教师的导师,根据专业发展需求和青年教师自身发展需要,从知识素质、教学能力和实践能力等方面入手,对青年教师职业发展进行指导,制定有针对性的培训方案。帮助青年教师学习教学规范、掌握教学方法、进行教学改革和实践。"搭台子"是搭建各类教师成长平台。学校按照"人人可成才,赛马不相马"的思路,通过组织教师教学能力大赛、说课说专业、辅导员大赛、教师论坛、创新创业大赛、课程思政大赛等多项校内比赛,为广大教师搭建充分展示各自才华的平台,鼓励优秀青年教师脱颖而出、快速成长。并以比赛为抓手,帮助青年教师学习先进教育理念,进行教学方法改革,形成比教研、比教改、比教学效果的良好教风。"指路子"是帮助青年教师制订个人职业规划,让青年教师工作有目标、有动力,要求青年教师根据自己的专业特长、兴趣爱好并结合院

系专业课程的发展方向,选择1~2门主攻专业课程和1~2门辅助课程,帮助青年教师明确个人教学、培训与学习方向。"压担子"就是加强青年教师培养期考核管理,要求青年教师每学期听示范课不少于5次,参加企业实践锻炼不少于2个月;在培养期至少参加1次学院组织的公开课或教育教学能力比赛,至少独立完成一篇论文的撰写工作,并公开发表;通过明确要求,压实担子帮助青年教师尽快"过四关",即育人关、教学关、教研关、科研关。

二是完善教师培训体系。 近年来,每年投入经费600万元用于教师培训。每年建立20万元的校内讲座基金,定期举办名师大讲堂活动,邀请职业教育专家学者和技能大师来校讲学,还组建有校内讲师团为全校教师开展教学规范、教学基本技能、教学信息化等方面的培训。开展了副教授以上的金牌教师教学比赛,实行青年教师导师遴选制度,实现教师之间的"传帮带"。2020年上半年疫情防控期间,为了有效应对疫情对教学工作的影响,帮助教师提升线上教学能力,积极发挥高水平学校的示范、引领、辐射、带动作用,利用校内讲师团,举办线上教学能力提升公益讲座39场,推荐教师在各类第三方平台开展线上讲座15场,吸引校内外高职院校教师近10万余人在线观看。企业锻炼是提高专业教师实践能力,加强"双师型"教师队伍建设,深化校企合作、产教融合的重要途径。专门出台了教师企业实践锻炼实施管理办法,对企业实践锻炼教师的选派、待遇、管理与考核等方面做出了具体规定,特别是对教师企业实践的任务进行了明确要求,确保企业实践工作的成效。近两年共组织教师开展企业实践547人次,学校"双师型"教师比例在83.5%以上,教师实践教学水平不断提升,学校在技术开发、专利申请、横向课题、项目合作、社会培训和服务等方面收效显著。大力支持专业带头人、骨干教师到国内培训进修、外出考察、参加学术会议,及时跟踪了解学术前沿动态和教育发展趋势,提高教学科研水平。与浙江大学、同济大学、西安交通大学等高校联合开展专题培训班,分批次、成建制组织青年教师、骨干教师、管理干部赴国内顶尖高校参加学习培训。实施学历提升计划,出台《在职攻读博士学位暂行规定》报销学费、鼓励教师提升学历。

三是提升师资队伍国际化水平。不断拓展国际合作渠道,积极与国(境)外高水平大学、科研机构开展项目合作,大力选派优秀教师和管理人员赴国(境)外研修访学,累计共组织各类人员赴国(境)外研修访学275人次,教师队伍的国际化水平得到提升(图5)。

图5 学校教师赴德国代根多夫应用技术大学交流学习

三、高端引领 引育并重 加强人才队伍建设

召开了人才工作会议,出台了12项涉及师资队伍发展的重要文件,形成了以人才的引进、使用、培养、服务为一体的人才建设长效机制,师资队伍建设步入快车道。

一是建立灵活高效的引才聚才机制。围绕战略布局和专业特色,出台了《高层次人才引进办法》《人才激励管理办法》等制度,针对不同层次、不同领域的人才提供精准强力有效的政策支持,在突破高层次人才引进瓶颈、提高师资队伍整体水平等方面实现了突破性发展,形成了高层次人才的集聚效应。

二是实施高技能人才柔性引进计划。依托阎良航空产业区位优势,深入实施"产教融合、校地融合、军民融合"的"三融战略",大力选聘行业领军人才、突出贡献专家、省级以上各类技术能手、知名企业家、企业高管、首席技师等大师名匠来校兼职,建立结构化的"双师型"团队,促进技术技能积累和人才培养质量提高。组建了包括(飞豹)总设计师陈一坚、试飞英雄黄炳新、全国劳动模范薛莹等多所高校、科研院所、企事业单位632余名专家学者及工程技术人员的兼职教师库,结合学校特色开办阚有波大师工作室、焊接大师工作室。

三是完善名师培育长效机制。建立名师培育长效机制,提出了教师"发展长效化"的要求,形成院、省、国家三级名师培育梯队。通过建立名师工作室、设立名师专项基金、开展名师风采讲堂活动、完善名师选拔及奖励制度等,全面开展名师培育工作。出台了《青年英才遴选及管理办法》,每学期遴选5~8名事业心强、教学效果好、科研能力强、外语水平高的青年教师作为青年英才人选。对选拔出来的青年英才,在科研课题、项目申报等方面重点培育,并进行为期半年的脱产外语培训,争取国家公派出国留学机会。目前,已累计遴选38名青年英才,其中28人已完成外语脱产培训并达到国家留学基金委要求的外语水平。教师中9人取得国家留学基金委公派访学资格,7人已完成公派出国访学,1人被外交部选送驻外使馆工作。

四、顶层规划 创新驱动 深化人事制度改革

强化顶层设计,坚持创新驱动,深化人事制度改革,相继成立了党委人才工作办公室、教师工作部和教师发展中心,协同推进学校师资队伍建设工作。

一是改革岗位聘用制度。为充分激发各级各类人员的积极性,打通各类人员上升渠道,先后出台了《岗位设置及聘用管理办法》《工勤技能岗位岗位聘用及相关待遇的暂行办法》《辅导员职级晋升暂行办法》,深化岗位分类管理,稳步推进评聘分离,建立了以工作业绩、工作能力为导向的岗位聘用制度,形成了以职称评审和岗位聘任双轮驱动的人才评价新模式,激发了各类人员干事创业的积极性。

二是改革绩效工资分配办法。充分发挥绩效工资的杠杆作用,建立完善"多劳多得""优绩优酬"的绩效分配机制。实行统一分配与部门二级分配相结合的绩效工资分配制度,通过实施目标管理与考核,科学评价各单位工作业绩和管理效能,并将考核结果作为部门奖励绩效分配依据,进行二次分配。出台了《专项工作奖励实施规定》,设立专项工作奖励基金和校长奖励基金,对在学校重点项目、重大建设任务中做出贡献的教职工进行专项奖励。

三是实施质量工程。每年投入600万元,支持教育教学改革,对教书育人、各种大赛、论文、专利、教研科研成绩突出的教师给予奖励。

四是实施暖心工程。始终坚持办学以教师为本,突出教师主体地位,严格执行校务公开制度,切实落实教师的知情权、参与权、监督权。努力为职工办实事、办好事、解难事,充分利用元旦、春节、教师节等重大节日开展送温暖活动。积极改善教职工工作学习环境,为一线教师每人配备了笔记本电脑。丰富教职工文化生活,组织全体教职工大合影拍摄、教职工大合唱等活动,让一线教师感受到学校的温暖,感受个人价值的实现,真正让广大教师成为学校发展与壮大的组织保证和源动力。

通过持续引进和大力培养现有人才,让具有资深教学经验的教师主体地位提升,学校造就了一批高层次人才和青年才俊,为双高建设提供了人才保障。现有二级教授2人,国家级职业教育教师教学创新团队1个,国家"万人计划"教学名师1人,全国优秀教师3人,全国职业教育先进个人2人,黄炎培职业教育杰出校长、杰出教师各1人,陕西省高校青年创新团队2个,陕西省首批"特支计划"领军人才1人,陕西省"青年杰出人才支持计划"5人,省级优秀教师3人,省级教学名师12人,教师参加全国职业院校教学能力比赛获一、二、三等奖各两项(图6)。学校实现了获得国家教学成果二等奖、SCI一区论文、全国社科基金的突破。教师在获得相关物质奖励的同时,为个人的进一步发展奠定了基础,保证了教师的主体地位,让教师具有更强烈的归属感和荣誉感。

图 6　我校 2020 年全国职业院校技能大赛教学能力比赛一等奖获奖团队

"一体两翼四融合"产学研用同频共振

随着战略性新兴航空产业的迅速发展,急需职业教育培养大批高素质技术技能人才,高职院校服务航空产业发展的作用机制体现在为产教跨界协同发展、满足产业用人需求、促进企业员工技术技能积累、提升中小企业的自主创新能力、服务企业的产品研发和技术升级等方面。西安航空职业技术学院依托航空产业血脉渊源和地理区位优势,深入开展产教融合探索与实践,创建陕西航空职教集团和产业学院,推进"专业与产业融合、校企文化融合、育训融合、技教融合"的"四融合"合作模式,提升一体化协同育人的针对性与应用性,打造航空产业校企命运共同体。

一、建机制,探索校企一体新路子

学校以"三融战略"为统领,发挥区域航空龙头企业优势,推动校企深度融合,在人才培养、技术创新、就业创业、文化传承等方面实现优势对接,共管共治、共同发展、利益共享、责任共担,形成校企命运共同体。形成了"产教融合、校企合作、工学结合、知行合一"的共同育人机制,将学校建成企业生产任务"转化地"、协同育人"对接地"、优质资源"共享地"。

学校以"双高"建设为抓手,构建了"一把手负总责,主管领导主抓,校企合作处主导,职能部门协调,二级学院为主体"的全员校企合作工作体系。通过梳理工作流程,学校不断完善校企合作机制,优化合作流程,强化服务质量。出台了《校企合作项目管理办法》《社会培训项目管理办法(试行)》《培训班班主任管理办法》《培训班学员管理办法》等制度;组织实施了"书记校长企业行"等一系列活动;落实了"提升校企合作水平"任务管理与考核,确保了校企合作工作有章、有序、有效开展。

二、搭平台，推动校企同步新跨越

学校在深化产教融合过程中，坚持开放办学、服务发展的理念，不断创新产教融合的体制机制，推动校企深度合作。

一是牵头组建了陕西航空职业教育集团。 2009年10月，由学校牵头，联合省内高职院校、职教中心、航空院所、大中型骨干企业组建了陕西航空职业教育集团，现有成员共52家，其中院校共16家、企业单位31家、科研院所5家。职教集团建立了集团的理事会、秘书处和陕西省航空职业教育行业指导委员会"一会一处一委"的组织机构，形成了每年召开一次理事会、举办一次重要活动、两年举办一次航空职教论坛"一会一活动一论坛"的工作机制。2020年，职教集团入选第一批国家示范性职业教育集团（联盟）培育单位。

二是对接行业领军企业，校企共建产业学院。 学校先后与中国人民解放军第5702工厂共建"中国人民解放军5702产业学院"、与华为公司共建"华为鲲鹏产业学院"、与成都纵横自动化技术股份有限公司共建"成都纵横无人机产业学院"、与吉利汽车共建"吉利产业学院"、与南方测绘集团共建"南方测绘产业学院"、与北京博导前程信息技术股份有限公司共建"北京博导前程产业学院"、与昆山开发区人社局及驻区相关企业共建"昆山学院"、与晶澳（扬州）太阳能科技有限公司共建"晶澳产业学院"等8个产业学院。校企合作双平台的建立，充分发挥行业龙头企业技术领先作用，明确了政校企生的责、权、利，形成了有效的教学运行机制，具备了合作育人的实体功能，近两年与企业合作成立订单班85个、现代学徒制班52个，校企联合培养1300余人。

三、促融合，实现技术服务与社会培训新突破

一是专业与产业相融合。 建立了专业与产业发展随动融合机制，依托政校企共建的"昆山学院"充分发挥校企"双主体"育人功能，将政府的政策优势、企业的技术优势、学校的专业优势、地方产业发展需求、岗位群的素

质和技术技能要求、课程培养目标等要素进行有效对接。政校企共同制订人才培养方案,确定专业教学标准、课程标准、考核标准,联合开发教学资源。政府、企业、学校共同参与评价活动和过程,动态评价入口阶段(企业招生招聘)、过程阶段(教学过程)、出口阶段(企业招工),及时反馈各种问题并完善评价标准,保障地方企业分阶段多企业教学实施的稳定性和有效性。评价指标在不同的阶段侧重点不同,在入口阶段,注重的是学生的理论成绩和满足岗位需求的基本素质;在过程阶段评价阶段,注重的是人才培养方案的适用性和学生目标达成度;在出口评价阶段,注重的是学生的综合能力、水平和素质。

二是校企文化融合。建立校企文化融合机制,对接航空类企业高素质人才培养要求,培育"航空报国、追求卓越"的崇高使命;培养学生"祖国至上、爱校如家"的家国情怀;培养学生"敬业诚信、甘于奉献"的优良品质;培养学生"热爱航空、精益求精"的职业道德;培养学生"守正创新,锐意进取"的气魄胆识。这种融合以"工匠精神"为核心,既讲究培养学生家国情怀和人文艺术素养等,又培养出学生对科学知识以及科技技能的不懈追求精神,同时在融合过程中又增加了学生对企业理念的深度理解,对于了解、掌握企业发展规划以及用人机制等方面有良好的促进作用。近年来,企校文化融合促进了学校就业质量,毕业生就业率稳定在95%以上,每年约有60%的毕业生签约大中型国有企业,近40%的毕业生签约中航工业、空军装备维修、民航运输、航天科技等行业企业;毕业生就业满意度达到97.27%,企业对学生的满意度达到98.05%。

三是教育教学与社会培训相融合。职业教育是一种终身教育,贯穿人的一生。以航空职教集团和产业学院为依托,挖掘学校优势教学资源,发挥学校办学特长,根据各行业企业对不同专业、类型人才的需求,承担起为各行业企业在岗在职人员、待业人员再培训的社会责任。第一,变方案,提供定制化培训服务。发挥航空科技馆的作用,克服新冠肺炎疫情影响,利用网络技术,整合资源,面向各类人员开展线上、线下导游讲解服务,全年接待6.8万人次参观、学习和了解航空文化及知识。2020年学校获批17个"'1+X'证书试点项目""西安市高技能人才培养基地""西安市退役军人职业技能承训机构"等培训资质,完成陕西长羽航空"航空维修培训"、陕西省高职院校师资培训、空中(高速铁路)乘务培训等项目,完成社会培训7.9万人日。第二,促共享,实现交替培养。通过合作交互培养、行业通用型培养,解决不同合作企业部分需求量小、教学组织难的问题。针对课程教学内容,把具体教学任务分解给校企导师,明确育训场地和岗位,采用集中授课、企业实践、岗位培养、远程授课等多种教学方式,解决分工协调难的问题。集团建立了"开放共享、成本核算"的资源共用机制,共享共用设备总值超8亿元。成员单位西飞公司将80台高端设备,按照成本价格核算开放。通过育训融合的实施,2020年度实现社会服务产值提高37.4%,社会培训人日数增加36.7%,成人学历教学入学学生数提高53.3%。

四是技术服务与人才培养相融合。 服务产业升级,教学内容需要对接新技术、新工艺、新材料及先进的生产设备,以教师技术服务为抓手,以教学内容改革为切入点,以技术服务与人才培养为结合点,实现"技教融合"。"南方测绘产业学院"将航测专业2/3专业实践课改革为以企业横向课题为载体的教学单元,采用现代学徒制模式,推行双主体育人、双身份学习、双导师授课、双场所教学、双标准评价,针对岗位作业知识点,实行"企业导师讲操作、学校导师讲理论"的分工协同育人机制,近三年完成企业横向课题35项,到款392万元,培养学生400余人。推行现代学徒制,校企双导师在"技教融合"育人的过程中,促进了学校教师企业服务能力、工程技术能力的提升;促进了企业导师理论知识、沟通能力的提升,建立产教间、校企间、双导师间自由切换的"旋转门",形成相互支撑、相互促进的螺旋上升的校企自由切换、双向流动的机制,有效解决学校人才培养中存在的产教衔接紧密度不够、人才培养模式单一等问题。

经过教学实践,校企双元构建了集技术技能创新服务与人才培养于一体的"技教融合"创新平台,推行了以生产性项目为引领、模块化教学为抓手的教学实施过程,既提高了人才培养质量和针对性,又极大促进了教师科研水平和技术服务能力的提升。2020年学校横向课题到账经费366.3万元;教师主持陕西省自然科学基金项目4项,合作1项;服务地方专项项目主持1项,陕西高校青年创新团队获批第2个,同时9位教师被认定为省级科技特派员;学校SCI、EI等检索论文、核心论文占比76.3%。授权发明专利居陕西高职第一位;获得陕西高等学校科学技术奖励成果三等奖1项;4项发明专利成功转让。

两航齐追蓝天梦　五方共育航修人

西安航空职业技术学院作为全国航空类唯一入选高水平学校建设单位,肩负起全国航空类职业院校改革发展的重任。学校面向军航和民航领域,紧跟航空行业产业转型升级和新技术新要求,集聚"政军行企校"五方合力(图7),协同打造飞机机电设备维修、无人机应用技术两个国家级高水平专业群,全力将学校打造成为航空特色领先、国内一流、国际知名的职业教育"标杆校",引领带动全国航空类高职院校和专业群高质量发展,推动学校从"优质"到"高水平"升级转型。

图7 "政军行企校"五方合力协同发展

一、融合发展新格局

学校地处西安阎良国家航空高技术产业基地的核心区,长期以来始终坚持与阎良区、"航空基地"、航空龙头企业协同发展、齐头并进,在产业集群发展、创新平台建设、人才引进、技术服务、宣传辐射等方面进行了全方位合作,与"航空基地"共建国家级陕西航空经济技术开发区,形成了"区域规划一张图、集群发展一盘棋、融合发展一股劲"的良好局面。

一是区域规划一张图。 学校主动融入地方和产业发展,充分发挥人才、技术、人力资源等优势,将学校人才培养、资源建设等顶层设计纳入区域经济社会发展规划中,与区域规划发展同频共振。超前识变,建立引领和支撑地方产业发展的专业格局,做到人才培养培训与设备厂房等设施建设同步推进;积极应变,在高精尖教学资源建设上,深化与企业间的合作,实现资源共建、共用、共享;主动求变,按照企业技术发展要求,鼓励教师主动参与企业新产品开发、新技术研发,推动校企产学研用一体化发展。学校主动融入航空产业基地发展,补齐航空产业基地产业链和发展短板。在我校创立了国家航空产业基地培训学院,建成AAA级景区航空科技馆,免费开放,服务线下线上看航空累计13.7万人次,补齐航空科普旅游短板;建设复合材料热压罐、德马吉高端数控加工机床等高端设备,补齐航空生产链短板;建立区域航空高技术人才库(632人),实现了双方人员、设备、技术、管理、文化等方面融合共通。

二是集群发展一盘棋。 主动适应5G、"互联网+"、云计算、大数据等新技术、新产业、新业态、新模式发展要求,推动航空制造、新材料、金属加工、航电设备、精密仪器等多个产业集群发展,助力区域经济转型升级。学校与中国飞行试验研究院合作办学,共建学校东校区,合力共育航空维修类技术技能人才;与"航空基地"企业联合开设无人机应用技术等3个航空特色的全国首开专业。对接航空产业集群发展要求,按照"学科基础相通、产业领域相连、技术领域相近、职业岗位相关、教学资源共享、机制协同创新"的原则,实施以群建院,学院重新组合通用航空学院、航空维修工程学院等二级学院,形成以飞机机电设备维修、无人机应用技术等专业群为龙头的对接航空全产业链的专业群体系。铁鸟等航空中试平台、飞豹科技等航空龙头企业的60%技术人员是西航学子。

三是融合发展一股劲。 创新体制机制,整合航空优质资源,推动学院与航空基地顶层设计体系化、实施推动一体化,实现一盘棋谋划、一家人融合、一股劲推动。学院牵头组建陕西航空城职教联盟、陕西航空职业教育集团,组建国家航空产业基地培训学院、西安市阎良区企业家培训学院等,实现学校和航空城龙头企业资源共建、人员共用、育培共担、技术共研、成果共享,联合为基地企业年均培训 7 万人次,为企业技术骨干技能再提升提供源源不断的动力和智力支持(图 8)。

图 8　两航齐驱　打造航空维修杰出人才

按照"完善学历教育与培训并重的现代职业教育体系"的要求,充分利用校内外资源、科研平台和政策扶持,促进资源在区域内流动与优化配置,形成"政军行企校"五方教育合力,积极推进各主体要素融合,全力做好学历教育与培训工作双轨融通,打造具有航空特色职教类型教育新高地。

二、创新管理新机制

一是两群聚力提质量。紧跟航空产业升级步伐,聚集飞机城航空资源优势,形成以飞机机电设备维修、无人机应用技术 2 个航空领先专业群为龙头,航空服务、航空材料等航空专业群相互支撑的发展格局。建立对接航空高端产业发展要求的专业群动态调整机制。建成"四个一批",即一批融入航空产业新技术、新工艺、新规范的航空类国家级职业教学标准;一批面向整机总装、部附件修理岗位等任务式教学项目;一批新型活页式、手册式教材;一批总师引领的专兼结合"双师型"教学创新团队。对接高端领域,组建4个产业学院、3个高素质技术技能培养基地、2个协同创新中心、1个国际教育学院、1个工程技术中心等,实质性推动协同育人机制改革。深化融合共享,主持参与国家教学标准2项、规划教材3本、虚拟仿真实训基地教学资源建设4项。

二是产学研用强赋能。统筹"政军行企校"五方资源,立足"航空基地",坚持"产教融合、校地融合、军民融合"的"三融战略",按照"整合与共享、完善与提高、创新与服务"的原则,打造人才培养与技术创新平台、产教融合平台、技术技能平台,实现科技攻关、技术推广、英才培养等功能,服务区域中小微企业技术革新,助力航空产业发展。与航空龙头企业共建培训基地,开展C919维修等技术技能培训、航空文化育人服务。创新"一体两翼三平台"运行模式:集团以技术技能人才培养为主体,以技术服务和社会培训为两翼,打造"航空城职教联盟""企业家培训学院""集团专业建设指导委员会"3个校企合作平台。充分发挥企业育人主体作用,推动集团内部人才高质量培养。近两年新成立订单班25个,校企联合培养1300余人。校企联合开展技术服务和社会培训。校企双方在横向课题、技术服务、企业接受学生实习、企业开展培训等方面展开全方位、深层次合作,创建共赢新高地。成立了"航空城职教联盟""西安阎良企业家培训学院",推动航空城区域技术、人才共享,促进校企强强联合,充分发挥名牌高校专业和辐射联动优势,创建了校地合作发展、企业家成长和产学研融合发展新高地。

三是根植航空创高地。落实立德树人根本任务,将社会主义核心价值观贯穿人才培养全过程。加强航空职业素养与职业精神的融合,厚植学生敬业乐业、航空报国的职业情怀,培养学生精益求精、追求卓越的工匠精神。以文化人,以文育人,推动航空特色校园文化提质升级。在飞机机电设备维修、无人机应用技术等专业群率先开展"1+X"证书试点,探索弹性学制、长学制培养方式(图9)。培养出一批产业急需、德技并修的技术技能人才,将学校建成航空特色鲜明的杰出技术技能人才培养高地。将"1+X"证书制度试点与专业建设、课程建设、师资建设紧密结合,主动优化适应岗位的课程体系,推进专业与职业技能等级证书有机衔接,学校累计申报17个职业技能等级证书,覆盖39个专业,面向3950名学生试点。

图9 增值赋能"政军行企校"五方协同育人

作为全国航空类唯一入选"双高计划"的高水平学校,学校将培养杰出人才、搭建一流平台作为建设重要内容,引领带动全国航空职院校共同发展,构建以专业群为核心的内部治理体系创新,建立以育人为目标的评价体系,为"双高计划"按下"快进键",跑出"加速度"。

四是协同创新赋动能。 紧抓航空器及其动力装置换代升级、企业流程再造的新机遇,与航空龙头企业共建无人机模拟飞行实训室等一批实践基地,建成具有辐射引领作用的高水平专业化产教融合实训基地,共建航空特色产业学院。促进专业多元化融合,构建均衡化的特色专业集群,保证企业能够全程参与教学过程,全面提升人才培养质量。统筹"双高计划"专业群入选院校,建立由全国性航空行业、国内航空龙头企业、航空院校等组成的全国航空"双高计划"建设沟通平台,推动资源共享、优势互补、合作共赢,实现全国航空类职业院校协同发展。校企共建专业50余个,开展专业建设和课程共建。如西航职院和德润公司联合申报了全国首个无人机技术专业。由学院牵头组建的陕西航空职业教育集团建立了"开放共享、成本核算"的资源共用机制,共享共用设备总值超8亿元。成员单位西飞公司将80台高端设备,按照成本价格核算开放。

三、探索发展新路径

一是高效管理提效率。紧跟国家职业教育改革方案和航空类职业发展规律和学生成长成才规律,引入航空企业文化和管理制度,优化完善一批教育教学专项工作的规范制度,促进学校管理与企业管理相对接;构建以专业群为核心的扁平化管理体系,以课程为中心矩阵式、事业部制、交互式的开放教学组织形式;为学校专业群依托航空产业,服务产业升级与经济结构调整,提供了更为完善的组织与机制保障,也为全国航空类高职院校提供一批可借鉴、可复制的规章制度。按照"一个中心、六个特色学院、九个二级专业学院"的"169"思路优化内部组织机构,制(修)订114项制度,完善了以"一章八制"为核心的制度体系。聚焦"双高"任务,改革两级绩效考核办法,建立全方位激励机制,激发内生动力。

二是多元评价提质量。充分发挥企业育人主体作用,以构建办学质量督导评价体系等方式提高企业和社会力量参与办学的积极性。学校坚持实施"工学四合"育人模式即教育与产业结合、学校与企业结合、教学与生产结合、学习与就业结合,持续更新学院专业教学标准、课程标准、顶岗实习标准、实训基地建设标准、社会培训、社会服务标准等。建立健全专业群学院办学质量评价和督导评估制度,定期对学习者的职业道德、技术技能水平和就业质量进行抽查和监督。实施学院质量年度报告制度,报告秉承公开原则。构建"政军行企校"五方共同参与的质量评价机制,支持第三方机构开展教育质量评估,并将评估结果作为学院政策支持、绩效考核、表彰奖励的重要依据。通过主持、参与、输出标准,凸显专业品牌效应;搭建平台,加强对话,扩大专业影响。共主持、参与2项专业建设标准的制定,为加蓬共和国提供航空维修专业建设方案。

西航职院秉持"艰苦创业,团结奉献,育才树人,航空报国,追求卓越"的西航精神,以培养数以万计C919维修等方面的杰出技术技能人才为目标,努力成为传播中华优秀文化的"桥头堡",航空类职业教育政策、制度、标准的原创地,为将学校建成航空特色领先、国内一流、国际知名的中国特色高水平职业高等院校而努力奋斗。

理念引领　平台支撑　创新发展
打造航空维修与制造创新服务平台

紧跟陕西航空工业发展，依托航空产业基地地域优势、学校军航维修基因，坚持"理念引领 平台支撑 模式创新"，建立航空工程中心与飞机制造工程技术中心，搭建航空维修与制造创新服务平台（图10）。

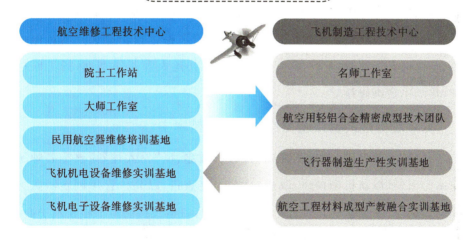

图10　航空维修与制造创新服务平台

服务航空维修与制造产业技术发展，锤炼科研人员科技攻关能力，提升团队的科研、技术服务水平，强化技术技能积累与创新，聚力打造"西北离不开、航空都认可、跨界有影响"的航空维修与制造创新服务平台成为技术技能平台，引领航空产业基地中小微企业创新发展，支持中小微企业产品研发和技术升级改造，切实解决中小微企业技术难题，使中小微企业健康发展，成为"航空基地"中小微企业的重要孵化基地和技术服务平台。

一、政校企联动建设航空维修工程技术中心

坚持"协同创新、开放共享"的建设理念,以航空城职教联盟为纽带,搭建校企之间搭好桥梁、建好技术平台,整合资源、发挥优势,建设航空维修工程技术中心,形成企业、学校、学生、政府共赢的有利格局,推动全省航空产业发展。

一是推进陕西民航高质量发展战略合作协议(以下简称局省战略协议),落实陕西航空维修人才培养"+1"模式,为省内全产业链发展提供人才保证。

二是深挖社会资源,促进社会组织、企业多元参与中心建设,校企共同开展航空维修技术创新、产品研发、决策咨询、技术服务、创新创业教育和人才培养,使维修中心成为区域科技创新服务的策源地和集聚地。

三是秉承军航维修使命,落实"产教融合",搭建校企共建共享合作平台,与中国人民解放军57系列军航维修厂共建大师工作室,弘扬工匠精神,传承军航维修技能。

二、产教研共融建设飞机制造工程技术中心

坚持"名师引领、产学研共融"的建设理念,以"万人计划"教学名师工作室为引领,以新机型预研、改进、试验为突破口,以高校青年创新团队为抓手,校企协同创新共建产教融合实训基地,打造飞机制造工程技术中心。

一是以"万人计划"教师名师工作室为引领,联合基地飞机设计科研院所,充分利用学校人才资源服务新机型预研、水上飞机性能改进等项目,为国家航空器研制、改进及发展提供技术支持。

二是依据《陕西省"十三五"战略性新兴产业发展规划》,围绕航空制造制造业需求,立足国家级航空产业基地,聚焦航空、军工等领域应用,建设陕西高校青年科技创新团队,解决航空制造材料难题、发动机叶片精整难题,为国家国防建设提供技术保障。

三是学校与企业共建、共享产教融合实训基地,探索职业院校校企合

作共建、共享产教融合型实训基地建设的模式,通过功能建设、制度建设、运行模式实践与总结,将产教融合基地建设成一个集生产、科研、教学、培训和技术服务于一体的实训基地。

三、政校企联动建成航空维修、飞机制造工程技术中心

聚焦陕西航空工业发展,以航空维修工程技术中心和飞机制造工程技术中心为支撑,开展陕西航空维修人才培养"+1"模式;引企入校,共建研发机构;传承军航维修技能,以共建大师工作室等方式打造航空维修与制造创新服务平台,使平台成为服务陕西航空工业技术发展、培养航空人才的摇篮。

一是按照 CCAR-66 R3《民用航空器维修人员执照管理规则》新规,与西北民航局、海南海航汉莎技术培训有限公司合作,政校企三方联动,建设民用航空维修培训基地建设项目(147 培训中心)。培训基地是一个集教学、培训、客户体验、咨询服务、职业技能鉴定、技能竞赛、创新创业和专业技术交流于一体的深度融合的协同创新平台。目前培训基地正在建设,预计 2021 年 6 月向西北民航局提交申请,2021 年 10 月将招收第一批学员,开展民航维修人才"+1"模式培养,即:学生毕业可获得民航维修执照。

二是按照"资源共享,优势互补,责任同担,利益共享"的原则,加快打造具有国际水平的现代职业教育体系,以企业为重要主导、职业学校为重要支撑,学校与西安鼎飞翼航空科技有限公司共建了航空维修虚拟仿真研发基地。公司共计投入 200 余万元,以先进航空维修模拟仿真软件关键技术为核心,打造一家高质量的研学合一的实训基地,把航空维修虚拟仿真研发基地建设成为高素质应用型人才培养目标的教学基地,成为体制规范、管理科学、手段先进的高素质创新人才培养基地和科学技术研究开发基地(图 11)。

图 11　校企共同研发的航空维修仿真产品

三是学校前身是空军修理厂,与航空维修企业有着深厚的历史渊源,为秉承航空维修"基因",与中国人民解放军第 5702 工厂共建航空维修技能大师维修工作室(图 12),共同承载传承军航维修技能重任,培育更多军航维修技能大师(图 13)。

图 12　中国人民解放军第 5702 工厂航空维修技能大师工作室

图 13　学校校长赵居礼教授为两位军航维修大师颁发聘书

四、产教研共融建成飞机制造工程技术中心

以"万人计划"教学名师工作室为引领,与中国第一飞机设计研究院、中国特种飞行器研究院开展新机型预研、机型改进及相关试验。聚焦航空制造业难题,建设高校青年创新团队,以产教融合生产基地为建成集产、教、研于一体的飞机制造工程技术中心。

一是成立了张超"万人计划"教学名师工作室,积极参与航空产业基地企业,开展新机型预研(图14),与中国第一飞机设计研究院徐舜寿创新中心开展 CX-001 验证机设计与制作,为新机型预研提供有效的样机和相关设计研制数据。为中国特种飞行器研究所提供水上飞机国产涂料基本性能测试试验项目(18.5万元),为水上飞机国产涂料发到测试提供有力支持。

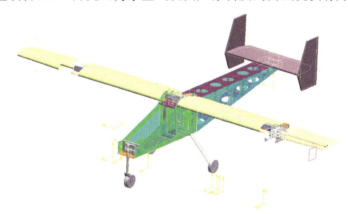

图 14 预研飞机模型

二是围绕航空制造业需求,立足国家级航空产业基地,聚焦航空、军工等领域应用,立项了陕西高校青年科技创新团队——航空用轻合金精密成型技术创新团队,主要开展"航空用钛合金零件低成本精密成形制造技术"的研究,解决限制航空用钛合金复杂零件大规模应用的关键问题,研发一批具有自主知识产权的产品。团队立足国家级航空高技术产业基地,联合三级合作企业,为我省培养一批从事轻合金精密成型加工的研发、推广和可持续发展的高水平人才队伍。

聚焦航空精密零部件精密整形卡脖子技术,针对航天关键零部件表面

精整面临三个核心难点：复杂结构、管路、小孔、凸台、3D打印类航空精密零部件难处理；材料种类，例如钛合金、高温合金等难熔金属，铝合金等易氧化金属，多组元金属间化合物难处理；航空关键零部件处理指标要求高，申请立项了陕西高校青年科技创新团队—航空超精密零部件精整技术创新团队，团队联合区域航空企业。团队将搭建创新科研与创新模式，突出培养成员团队合作精神、创新精神。航空超精密关键零部件精整技术创新团队的形成，紧密结合技术创新支撑体系，围绕航空制造业技术发展开展相关科学研究与实践。创新团队将以"产教融合""校地融合""军民融合"发展为宗旨，为国家航空产业基地企业在航空精密关键零部件精整技术方面提供有力支持，为推动陕西航空制造业，尤其是航空发动机叶片精整技术发展贡献一份力量。

三是学校投入了300余万元与西安鑫旌航空科技有限公司共建了航空工程材料成型产教融合型实训基地，用于学生校内专业课程实践实训基地和教师企业实践基地，延伸和补充实验室功能，巩固提高实验教学效果。将校内实训教学平台和校外实习基地相结合，保证实践教学的顺利开展，实现教学内容对接岗位工作、教学过程对接生产过程，真正有效提升学生的职业岗位技能和素养，提高学生的核心技能竞争水平，提高学校人才培养质量。

科技引领 以虚助实
构建理—虚—实一体化飞机外场维护
虚拟仿真实训中心典型案例

飞机外场维护虚拟仿真实训中心建设以飞机机电设备维修专业群人才培养需求为导向,以服务飞机机电设备维修专业群职业教育教学为根本,将信息技术和实训设施深度融合,以实带虚、以虚助实、虚实结合,融合校、企多方资源,校企、校校联合,探索建立院校主导、企业协同、具有航空特色、院校特色的实训中心,创新建设模式。

中心引进了B737NG机型训练平台及训练系统软件,以真实的B737NG飞机为模板,依据波音的手册和相应的技术文件,飞机的外观及系统模型、航电逻辑功能与真实飞机一致,满足B737NG机型特点和中国民航CCAR-147关于机型培训的相关规章要求,中心由2D、3D和机库区组成,建成了集航空维修虚拟教学、培训、师资培养、航空维修虚拟资源开发于一体的区域内高水平的飞机外场维护虚拟仿真实训中心。

中心积极服务于全校航空维修、航空制造、航空服务类相关专业,推动了学校教学方式、学生就业与创业、新技术与专业课程的融合,实现现代信息技术和航空维修与数字化制造教育的完美结合。利用教学管理和分享系统对中心进行整体管理及资源调配共享,育训结合,积极开展对外培训,实现了"自我造血",促进中心循环发展。形成了集"教学、培训、科研、服务"于一体的校企共建、共管、共享的实训中心建设新模式。

一、科技引领,以虚助实,破解教育、教学难题,建设实训中心

(一)企业调研取真经,提炼岗位需求,明确行动场

通过充分调研军航、民航企业,融合军航、民航维修行业企业五类岗位

标准提炼出飞机外场维护岗位需求,明确行动场,如表1所示。以飞机机电设备维修专业群人才培养需求为导向,以服务飞机机电设备维修专业群职业教育教学为根本,满足了航空维修专业大类教学需求急迫且覆盖面大的航线维护、航空维修基本技能等实践教学需求,优化专业课程内容,建设飞机外场维护虚拟仿真实训中心,使虚拟仿真实训中心成为学生职业技能"练兵场",企业人才需求"供给站"。

表1 飞机外场维护岗位需求及行动场

工作岗位名称	职业角色名称	行动场名称	专业实践课程名称
飞机外场维护	航线机务	1. 短停检查 2. 航行前、航行后检查 3. 专项检查 4. 航线可更换件拆装	航线维护 航空维修基本技能

(二)科技引领,虚实结合破解教育、教学难题

剖析飞机外场维护岗位所涉及工作场及工作对象存在看不到、进不去、摸不着、实训设备昂贵、耗材投入较大且存在安全性隐患、小班教学难以实现等特殊困难,为破解此教育、教学难题,落实职业教育培养高素质技能型人才培养目标,依托虚拟现实和人工智能等新一代信息技术,以实带虚、以虚助实、虚实结合,使理论与实践紧密结合,引进了B737NG平台提供的训练系统软件,以真实的B737NG飞机为模板,依据波音的手册和相应的技术文件,飞机的外观及系统模型、航电逻辑功能与真实飞机一致,满足了B737NG机型特点和中国民航CCAR-147关于机型培训的相关规章要求,采用LED虚拟显示系统完成VR虚拟应用系统的3D显示;人机交互动作捕捉系统完成虚拟应用系统与LED虚拟显示系统之间的人机互动;以VR交互体验系统作为学生训练学习的依托;实现以学员为操作主体、教师指导为辅、将教学需求直接转化为培训内容的设置安排,建立具备可延展性的虚拟仿真实验教学体系,从而实现创新教学方法和教学手段,实现教学效果和教学质量的提升。

(三)对接飞机外场维护工作岗位需求,合理规划建设飞机外场维护虚拟仿真实训中心

引进了平台提供的 B737NG 机型训练系统软件,以真实的 B737NG 飞机为模板,依据波音的手册和相应的技术文件,飞机的外观及系统模型、航电逻辑功能与真实飞机一致,系统满足 B737NG 机型特点和中国民航 CCAR-147 关于机型培训的相关规章要求,建成满足大于 40 个工位的学生培训,其由 2D、3D 和机库区组成,效果如图 15、图 16 和图 17 所示。

(1)飞机外场维护虚拟仿真实训平台 2D 区:飞机主要部件识别;各系统原理及排故方法;测试工具的使用;绕机检查。

(2)飞机外场维护虚拟仿真实训平台 3D 区:模拟飞行;飞机主要部件识别;各系统原理及排故方法;测试工具的使用;绕机检查。

(3)飞机外场维护虚拟仿真实训平台机库区:航前、过站、航后飞机外部及驾驶舱的检查;航线可更换件(LRU)拆装;飞机日常勤务工作。

图 15　飞机外场维护虚拟仿真实训平台 2D 区

图 16　飞机外场维护虚拟仿真实训平台 3D 区

图 17　飞机外场维护虚拟仿真实训平台机库效果图

平台以 B737NG 飞机维护训练系统为核心,针对民用飞机外场维护工作的主要内容开展飞机绕机检查、功能测试/操作测试、地面勤务/操作、故障排除等实践项目的仿真教学。该平台包括飞机驾驶舱模拟器、飞行仪表控制面板、飞机维护虚拟现实训练装置、视景系统等设备,并配有可实时更新的飞行仿真模拟、飞机维护教学模拟、常用航线维护设备仿真、航线检查仿真等教学模块,以虚助实、虚实结合地满足了飞机机电设备维修专业群中各专业学生的飞机外场维护教学工作,避免了昂贵的设备投入。

(四)对接行业标准,校企合作建设虚拟仿真教学资源建资源

与多家民航企业合作,针对飞机外场维护实践教学资源有限、设备价格过高、现场教学成本过大等因素,运用 VR 等技术手段,采用虚拟仿真、

虚实结合的方式开发了各个飞机外场维护的实训虚拟资源(具体资源项目见表2)。

表2 飞机外场维护实训虚拟资源项目

序号	资源建设项目	能力目标	共建企业	实现方式教学模式	对接课程
1	绕机检查	掌握航前、过站、航后飞机外部及驾驶舱的检查内容	东方航空技术有限公司;厦门航空有限公司	虚实结合	飞机维护
2	功能测试/操作测试	掌握飞机各系统主要部件测试方法	东方航空技术有限公司;厦门航空有限公司	虚拟仿真	
3	地面勤务/操作	掌握飞机外场勤务方式	东方航空技术有限公司;厦门航空有限公司;海南航空技术有限公司	虚拟仿真	
4	故障排除	掌握飞机各系统的故障排除方法	东方航空技术有限公司;厦门航空有限公司;海南航空技术有限公司	虚实结合	

二、名师引领，紧跟实训中心建设，打造高水平教学团队

以名师工匠为引领,以提升"信息技术＋专业能力"为核心,逐步建立健全教师培养、聘任机制,打造了一支由"名师＋工匠＋教练"组成的高水平教学团队。

(一)内培外引,打造一支高素质、高技能的教师队伍

实施"名师工匠"计划,推行骨干教师"导师制"培养模式,通过高水平导师的"传、帮、带",提升青年教师职业教育理念,提高教育教学水平与职业素养。通过各类专业技能培训、企业顶岗实践、职业技能资格认证等多种途径,有效提升专业综合技能。引进了4名专任教师,承担教学任务和

虚拟实训中心建设任务。教师都能熟练使用虚拟仿真实训平台及虚拟资源,对接企业开发实训教学资源。

(二)建立健全教师培养、聘任机制,打造兼职教师人才库

逐步建立健全教师培养、聘任机制,完善"校本培训、企业锻炼、海外研修"立体多元教师培养培训体系。与西安飞机工业(集团)有限责任公司、西安航空发动机制造有限公司等航空龙头企业共建"双师型"教师培养培训基地,实行互聘互培共育。学校专业教师每年到企业或基地实习至少1个月,实行5年一周期的全员轮训制度。

建立了完备的专业兼职教师人才库,专兼比例达到1∶2。经遴选,聘请了5名从事飞机外场维护、飞机结构修理、飞机部附件修理、飞机电子电气附件修理、航空发动机修理和飞机数字化制造等现场修理、故检、工艺等岗位的工程师,承担教学任务和虚拟实训中心建设任务,定期进行兼职教师教学能力培训,提高业务素质,保证飞行器维修与数字化制造技术人才的培养质量。

三、全面推进虚拟仿真实训教学模式创新

平台针对实训项目开展案例学习、体验式学习、交互式学习,课后通过拓展学习,扩充新知识和新技能,巩固延伸课上的学习效果。全面推行基于"互联网+"的"线上+线下"混合式一体化教学模式创新,建设与虚拟仿真理实一体化相适应的实训创新教学体系、教学内容、教学资源和教学环境,完成虚拟仿真实训项目。

充分利用AR、VR技术,创设"虚拟+现实"的学习情境,将教学内容中看不见、动不得、讲不清、难再现的部分以信息化方式展现,提高学生学习的自主性和积极性。

利用飞机外场虚拟仿真实训中心,全面推行基于"互联网+"的"线上+线下"混合式一体化教学模式改革,打造了一个"分享无处不在,资源处处共享"的方便快捷的教学资源共享平台,将虚拟仿真理实一体化融入教学全过程,优化"课前自主学习+课中项目学习+课后拓展学习"的教学设计方案。

突破创新
打造航空特色国家级职业教育教学创新团队

由西安航空职业技术学院国家"万人计划"教育名师张超教授带领的"飞机机电设备维修"专业团队成功入选教育部教师工作司首批"国家级职业教育教师教学创新团队"。该团队以习近平新时代中国特色社会主义思想为指导,全面落实党的十九大精神,以服务职业教育高质量发展为根本,深化落实职业院校"三教改革",实施"校企"双主体育人的现代学徒制、订单班等人才培养模式改革,推行"1+X"证书试点改革;团队紧跟国家航空技术升级,服务区域航空产业,解决航空装备技术难题,引领航空中小微企业技术发展,多渠道推广改革成果,使团队成为引领飞机机电设备维修专业教学模式改革创新、全国同类专业教学团队发展的创新团队(图18),为高素质航空类复合型技术技能人才提供强有力师资支撑。

图18 飞机机电设备维修专业国家级职业教育教师教学创新团队成员

一、机制创新 协同运行 共建教学创新团队

飞机机电设备维修教学创新团队按照航空维修专业领域要求,以"双

高校"西安航空职业技术学院飞机机电设备维修专业群为龙头,联合"双高"专业群长沙航空职业学院飞行器维修技术专业群、成都航空职业技术学院飞行器制造技术专业群,整合军航、民航领域优质企业中国人民解放军第5702工厂、东方航空技术有限公司,成立飞机机电设备维修专业协作共同体,明确多层次的目标导向,结合各自专业优势和行业企业需求,按照"优势互补、资源共享"的原则,构建教师教学创新团队。

飞机机电设备维修教学创新团队以人员互动交流、共组分层互培、开发教学资源、资源共建共享、传承航修基因的发展思路,构建"动态协同调整""名师工匠引领""联合公关突破""协同协调共享""航空文化浸润"团队的协同运行机制模型(图19),确保团队共同体高效、高质量运行。

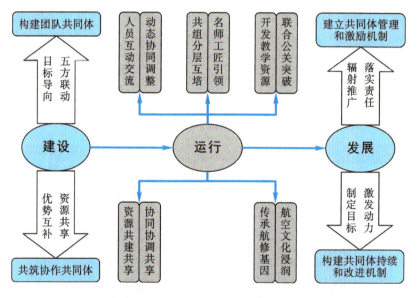

图19 飞机机电设备维修创新团队协同运行机制模型

(一)人员互动交流,形成"动态协同调整"运行机制

共同体之间通过专家互聘的方式成立专业建设指导委员会,打造人员互动交流平台,形成共同体动态调整运行机制。根据航空维修行业五类标准(《空军航空修理系统从业人员资格考核大纲》《空军航空修理系统从业

人员资格培训大纲》《民用航空器维修人员执照基础部分培训大纲》《民用航空器维修人员执照基础部分考试大纲》《民航工人技术等级标准及培训大纲》),联合中国人民解放军第5702工厂、东方航空技术有限公司等军民航优势企业等,开展定期交流活动,将航空维修行业五类标准和职业技能等级证书要求的知识与技能融入教学内容,共同研究制定"军民两用"专业教学标准、课程标准及创新人才培养模式。

(二)共组分层互培,形成"名师工匠引领"运行机制

以万人计划教学名师和"蓝天工匠"为引领,发挥团队共同体及区域航空高端人才聚集的优势,通过"名师工匠引领、校企专兼共组、分层分类培养",依托学校与军、民航修企业的伙伴关系,与中国人民解放军第5702工厂、东方航空技术有限公司等企业共建师资队伍,按照校、省、国家三级名师标准,对接军民两类维修技能等级资格要求,分层分类培养师德师风优良、学术水平高、业务能力强的高素质"双师型"教师;通过教学名师下车间、"蓝天工匠"进校园开展人员互培,不断改善高职院校教师掌握企业最新技术应用情况,提高操作技能和实践教学能力,同时提升企业员工专业理论水平和把握最新科技信息;实施精英人才培养计划,通过企业顶岗实习、挂职锻炼、参与航空工业西飞公司等企业技术创新项目研发等方式,科学规划教师职业生涯,通过教学能力大赛、职业技能大赛、参与企业科研等方式,不断提高教师技术技能水平。

(三)开发教学资源,形成"联合公关突破"运行机制

紧跟技术、工艺发展最前沿,对接FAA、EASA等国际民航标准,由企业专家、岗位能手、骨干教师等组成技术服务、资源开发团队,将航空维修行业新技术、新工艺,视情维修新知识、新标准转化为教学内容,创新教材结构形式,协同实施航空维修"1+X"证书制度,联合开发"课证融通"的专业课程,编写校企活页式教材、工作手册式教材及中航工业职业技能等级评价航空特有工种教材等;联合航空维修企业建设在线开放课程,建设国家职业教育"飞行器维修技术"专业教学资源库等数字化与智能化教学资

源,推进线上线下相结合的教学模式;建设依托国家级航空产业基地的技术服务平台,为中小企业提供智力支持。

(四)资源共建共享,构建"协同协调共享"运行机制

利用共同体成员主持的"飞行器维修技术""飞行器制造技术"专业教学资源库、国家级精品资源共享课、国家级规划教材、产教融合实训基地等教科研成果,打造一个"分享无处不在,资源处处共享"的方便快捷的教学资源共享平台,开展企业产品生产、学生实习、教师和企业员工培训以及航空维修行业相关的研究,协调共同体内的时间、人员、场地、设备等资源,以获得最大的协同效应,使双方的利益均得到最大程度的满足,使专业学生的培养过程成为企业产品推介应用、新的技术方法推广与传承,推进团队共同体建设。

(五)传承航修基因,形成"航空文化浸润"运行机制

结合航空维修专业特点,将机务、场务的航空维修保障特色文化定位在以"质量安全文化"为主题,进行沉淀,形成特有的航空维修特色文化,营造一种重视质量安全、以质量安全为生命的文化氛围,增强团队成员对质量安全目标的认同感和归属感,引导团队发展融入飞行维修保障专业发展中去,形成统一的发展理念和价值观念。

二、师德为先　课程为要　深化教育教学改革

(一)师德为先,加强团队师德师风建设

飞机机电设备维修教学创新团队以"师德高尚、爱岗敬业、关爱学生、为人师表、协同互助"为团队建设宗旨,以"四有教师"为标准,严以修身、严以用权、严以律己,忠诚于党的教育事业,以德治教,以德育人,以高尚的情操引导学生全面发展。在教学工作中,兢兢业业,勇挑重担,刻苦钻研业务,积极参加学习,不断提高自身业务水平,努力提高教育教学质量。2019年以来,飞机机电设备维修专业创新团队培养了省级以上师德标兵1人,校级师德先进个人2人。

(二)课程为要,落实立德树人根本任务

1.重构专业群课程体系

飞机机电设备维修教学创新团队依托航空职业教育改革试验区,与航空工业西飞公司、西安飞豹科技发展公司、东方航空技术有限公司西北分公司、中国人民解放军第5702厂等10个企业合作,校企共同构建"共享课程＋方向课程＋岗位模块课程"专业群内课程体系(图20)。

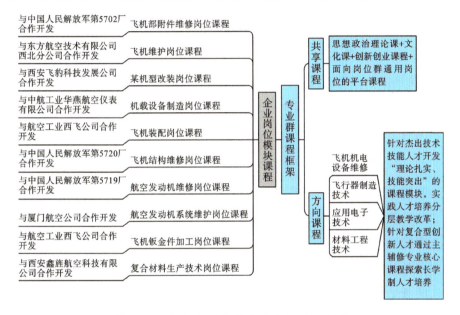

图20　飞机机电设备维修专业群课程框架

2.推进思政内容融入专业课程

围绕立德树人根本任务,实施"三全育人",践行"西航精神",将思政教育与创新创业教育贯穿人才培养全过程,使专业课程与思想政治理论课同向同行,实现职业技能和职业精神培养高度融合、思想政治教育与技术技能培养融合统一。团队教师充分挖掘产业与专业课程的思政资源,把做人做事的基本道理、社会主义核心价值观的要求、实现中华民族复兴的理想和责任融入各类课堂教学中,航空维修类专业所有课程实现了"人人讲思政,课课能育人",课程思政课题立项76项。

3.赛教融合推进教学方法改革

基于新一代信息技术,紧跟行业技术发展,组织教师开展课程开发技术、信息技术应用等专项培训,提升教师模块化教学设计实施能力和信息技术应用能力。持续更新"飞行器维修技术""飞行器制造技术"专业教学资源库,利用资源库与中国大学MOOC在线开放课程、蓝墨云班课、智慧职教等教学平台,全面推行基于"互联网＋"的"线上＋线下"混合式一体化教学模式改革。2020年,54名教师开展了"线上＋线下"混合式一体化教学。以全国职业院校教师教学能力比赛为引领,持续改革教学理念和教学方法,探索"行动导向"、项目式、情景式、探究式、工作过程导向等教学方法,激发学生学习热情,提高学生批判性思维能力,形成以学习者为中心的教育模式,推动课堂教学革命。2019年以来,荣获全国职业院校教师教学能力大赛一等奖1项。

三、校企互培　协同发展　提升团队服务水平

利用飞机机电设备维修专业领域团队共同体平台,通过教学名师下车间、"蓝天工匠"进校园开展校企合作、共建共享的模式,定期派技术骨干下企业实践锻炼,充分了解企业生产设备和技术工艺,理论联系实际,与企业技术人员共同研发、完成校企合作项目,不断增强高职院校教师操作技能和实践教学能力,不断提高"双师型"教师团队业务水平,同时提升企业员工专业理论水平;通过成立"万人计划"大师工作室,全面提升技术创新与科技成果转化能力。为航空企业开展航空零部件工艺优化,完成航空产品工艺优化和修复工艺标准4项;发挥"航空用轻合金精密成形技术创新团队"科研优势,开展钛合金熔模铸造成型等成型技术创新,完成核心期刊以上论文8篇,获得授权专利3项;利用激光熔覆技术,为"57"系列企业开展航空发动机静止部件、转动部件的深度维修工艺研究,使团队成为一支解决航空装备技术难题、引领中小微企业发展的"科研型"教学团队。2019年以来,承担企业培训5项(见表3),为国内高职、中职院校开展教学方法、新技术应用的师资培训及企业员工培训6000人日/年;主持横向课题5项(见表4),96名教师参与为期2个月的企业实践。

表 3 飞机机电设备维修专业群社会服务一览表

序号	服务对象	完成人日	培训收入
1	大连长丰实业总公司 6 人	120 人日	4.08 万元
2	陕西长羽航空装备有限公司 88 人	88 人日	0.2 万元
3	陕西天翌天线股份有限公司 60 人	180 人日	0.405 万元
4	嘉兴职业技术学院 2 人	77 人日	3.7575 万元
5	空军西安军械修理厂 40 人	160 人日	0.8 万元
	合计	625 人日	9.2425 万元

表 4 飞机机电设备维修专业群横向课题一览表

序号	课题名称	到款额	备注
1	B737NG 飞机维修数据采集项目	8.2 万元	
2	渭河流域航测内业数据处理项目	11 万元	
3	渭河流域航空影像数据获取项目	9 万元	
4	基于逆向工程的航空发动机数字化建模项目	8.3 万元	
5	飞机货机主舱门研制咨询项目	8.1 万元	
	合计	44.6 万元	

创新实践
构建"标准贯通、课证融通、三段交替"的军民两用航空维修人才培养模式

随着军用飞机技术升级、民用飞机高安全性和高维修效率的要求，对飞机维修技术技能人才提出了更高要求。而军用、民用航空器的维修体制不同，维修标准的融合度不高，出现了航空维修人才培养规格与军用、民用职业岗位要求匹配度不高等问题。本专业群针对军用、民用航空维修标准融合度不高，军民两用人才培养难度大等问题，开展了"军民两用"航空维修人才的培养探索，在前期依托国家示范院校重点专业建设等6个国家级项目和3个省级项目支撑形成"军民两用"航空维修人才培养实施方案的基础上，从2019年到2020年，构建了"标准贯通、课证融通、三段交替"的军民两用航空维修人才培养模式。

一、对接产业、目标导向，明确飞机机电设备维修专业群人才培养定位

（一）对接产业、优势互补，明确飞机机电设备维修专业群人才培养定位

飞机机电设备维修专业群以"军民融合、协同培养，产教融合、校企合作"为专业群建设指导思想，通过深入开展航空维修企业调研，研究专业群发展，将飞机机电设备维修专业群培养目标定位为：面向航空装备制造与维修行业企业，培养政治坚定、德技并修、全面发展，具有飞机维修、制造所需要的专业知识、职业技能以及创新精神和团队协作意识，"能设计、强工艺、精施工、懂管理"的杰出技术技能人才。

（二）目标导向、五方联动，共筑飞机机电设备维修专业群协作共同体

按照航空维修专业领域要求，以"双高校"西安航空职业技术学院飞机

机电设备维修专业群为龙头,联合"双高"专业群长沙航空职业技术学院飞行器维修技术专业群、成都航空职业技术学院飞行器制造技术专业群,整合军航、民航领域优质企业中国人民解放军第5702工厂、东方航空技术有限公司,成立飞机机电设备维修专业群协作共同体,明确多层次的目标导向,推动校企深度融合,形成"产教融合、校企合作、工学结合、知行合一"的"政军行企校"多元参与的共同育人机制和完善"互惠共赢、协同发展"的校际协同工作机制,促进飞机机电设备维修专业领域团队共同体建设的整体水平不断提升。

二、构建"标准贯通、课证融通、三段交替"的军民两用航空维修人才培养模式

(一)标准贯通,实现了军用、民用航空维修人才培养的有机融合

以政、军、行、企、校多方合作平台与基地为依托,通过深入开展航空维修企业调研,研究航空维修行业、专业发展,将航空维修专业岗位定位为飞机外场维护岗(民航)、飞机结构修理岗(军航)、飞机机械附件修理岗(民航)、航空发动机修理岗(军航)、飞机电气修理岗(民航)等,将航空维修行业五类标准、军民航职业技能等级证书与学校毕业证书要求有机融合,突出"军民两用"航空维修人才培养。

(二)课证融通,重构"军民五大标准贯通、校企三类证书互融"的课程体系

1.重构"军民五大标准贯通、校企三类证书互融"的课程体系

根据航空维修行业发展需求,提炼出飞机外场维护岗、飞机结构修理岗、飞机机械附件修理岗、航空发动机修理岗、飞机电气修理岗等航空维修专业五大学习任务。将航空维修行业五类标准(《空军航空修理系统从业人员资格考核大纲》《空军航空修理系统从业人员资格培训大纲》《民用航空器维修人员执照基础部分培训大纲》《民用航空器维修人员执照基础部分考试大纲》《民航工人技术等级标准及培训大纲》)和军、民航职业准入资格证书大纲中的知识、技能和素质要求,补充和融合到航修专业职业岗位

典型工作任务和职业能力分析中,构建了航修专业特有的专业课程体系(图21),实施"行业基础能力培养+职业通用能力培养+岗位方向能力培养"三段式交替职业能力培养。

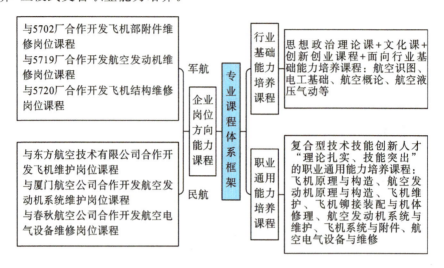

图21 "军民五大标准贯通"的专业课程体系

2.落实"立德树人",推进思政内容融入专业课程

围绕立德树人根本任务,扎实推进习近平新时代中国特色社会主义思想和党的十九大精神"进教材,进课堂,进头脑",大力推进社会主义核心价值观教育,深入推进思政课程和课程思政建设,打造"有思想、有灵魂的专业课堂"。重点推进思政内容融入专业群核心课程,将思政教育与创新创业教育贯穿人才培养全过程,使专业课程与思想政治理论课同向同行,实现职业技能和职业精神培养高度融合、思想政治教育与技术技能培养融合统一。

(三)三段交替,确立了"工学交替"式人才培养路径

以军民航修企业需求为导向,依据学生职业能力及职业素质的形成规律,参照军民航修人才培养的共同点与差异点及企业员工培训方式,及时将新技术、新工艺,视情维修新知识、新标准纳入课程标准和教学内容,将学生的培养划分为行业基础能力培养、职业通用能力培养、岗位方向能力

培养三个阶段,渐进式实施工学交替,将学校本位教育与工作过程紧密结合,在人才培养过程中实现了学校与企业、学习与工作、学生与企业员工、教师与企业专家等之间的"跨界直达",使学生的职业素养和职业能力能达到"零距离"就业,切实提高军民两用航修人才培养质量。

三、推行"1+X"证书制度,开发"课证融通"的专业课程

(一)开发"课证融通"的专业课程

推行"1+X"证书制度,成立由企业技术人员、课程研究专家、学校专业教师联合组成的飞机机电设备维修专业课程开发团队,将航空维修行业五类标准和职业技能等级证书要求的知识与技能融入教学内容。通过分析航空维修企业典型工作任务及教学的可行性,将基于工作过程系统化的课程教学内容设计为若干典型的工作任务(学习情境设计),以典型工作任务承载课程教学内容,开发"课证融通"的专业课程,保证课程教学内容具有鲜明的"课证融通"特征,实现专业课程教学内容与职业岗位技能要求的深度融合。

(二)编写融合行业、企业和职业标准的专业课程标准

课程开发团队全程参与专业调研,根据专业培养目标,按照工作岗位职业能力的需求,突出能力培养,融入行业标准、校企合作,及时将新技术、新工艺,视情维修新知识、新标准纳入课程标准和教学内容,促进航空维修行业五类标准与学历证书相互融通,使教学内容适应职业岗位能力的要求并与企业和行业技术发展同步,保证学生学习内容和工作内容的针对性和适应性,确保人才培养的质量。

四、践行"军民两用"人才培养模式,专业群建设成果丰硕

专业大胆创新与实践,取得了以国家级技能大赛、国家级创新团队等为代表的系列建设成果,培养了以"蓝天工匠"叶牛牛等为代表的数千名高端技能人才,吸引了长沙航空职业技术学院等数十家兄弟院校前来交流学习。

(一)聚焦工匠精神,行业精英辈出

2019年以来,毕业生就业率持续保持97%以上,学生到民航维修企业就业,中航工业及空军装备部等航空企业就业率在75%以上,涌现出诸如"蓝天工匠"叶牛牛等一批维修领域精英人才;全国技能大赛荣获一等奖1项(图22),三等奖以上2项。毕业生受到了军、民航企业好评,形成了"飞机维修找西航"的良好口碑。近三年来专业报考率超过500%,成立2个现代学徒制班,10余个企业订单班,惠及300余名在校生。

图22 全国技能大赛一等奖证书

(二)依维修带制造,品牌效应凸显

专业群内飞机机电设备维修、飞行器制造技术2个专业获批国家创新发展行动计划骨干专业;主持国家级"飞行器维修技术专业"教学资源库;打造了1个国家级职业教育教师教学创新团队,培养了1名国家"万人计划"教学名师;"新时代高等职业院校飞机机电设备维修专业领域团队教师教育教学改革创新与实践"课题、"飞机机电设备维修专业领域团队共同体协同合作机制"获批教育部立项。

(三)引领航修发展,输出西航方案

近年来,学校承办首届全国航空产业与航空教育对话论坛,成立陕西航空职业教育集团,引领国内外同类专业建设,南京工业职业技术大学、吉林化工学院、无锡职业技术学院、陕西职业技术学院等省内外 20 余所高校前来学习借鉴,加强国际合作交流,援助缅甸建设航空学院。

项目实施以来,成员先后在中国高等职业教育与非洲合作研究等会议中做项目主旨发言和交流;被中央电视台新闻联播、中国青年报、华商报等报道。

基于军民融合的"三元三段三融"定向军士人才培养模式改革与实践案例

2012年,西安航空职业技术学院积极响应国家"军民融合"发展战略,确立了主动服务国防发展建设,集合优势航空教学资源,为部队定向培养军士(原士官)的发展规划。自2015年起,学校坚持"多元主体、分段培养、渗透融合"的原则,开始为中国人民解放军空军、陆军培养定向军士。5年来,为部队培养了5个专业领域2000余名军士生,在国防建设、备战打仗和演训作战等方面发挥了生力军作用。在军士培养过程中,聚焦定向军士人才培养的关键要素与环节进行了全方位的改革与实践,创新出"三元三段三融"定向军士人才培养模式。军士学员们用忠诚的信仰、高超的技能和过硬的作风在学生中树立了标杆和榜样,形成了争先创优的"军士效应",定向军士的"空军蓝""陆军绿"已成为学校新的"名片"。学校荣获"全国国防教育特色学校"荣誉,学校主持申报"基于军民融合的'三元三段三融'定向军士人才培养模式改革与实践"获得第二届全国航空职业教育教学成果三等奖,十余所院校来校调研学习军士培养管理经验,多家媒体多次专题报道学校定向军士的培养情况,示范引领效应凸显。

一、主动服务军民融合战略,成立西航军士学院

依托地方优势职业教育资源为部队定向培养军士,是贯彻落实习近平主席军民融合发展战略的具体举措,开展联合育人工作,是推动定向培养军士院校、指导机构和基层部队之间深度合作、密切协同,实现军地培训资源有机融合的有效举措。西安航空职业技术学院主动服务国家军民融合战略,遵循新时代"听党指挥、能打胜仗、作风优良"的强军建设目标,按照习近平主席提出的"四有"军人的明确要求和空军陈学斌副政委提出的"忠

诚为魂、技能为要、作风为基、健康为本"的培养要求,学校于2016年成立了军士学院(原士官学院),并把军士学院的建设发展作为"十三五"的重要工作任务(图23)。军士学院下设学员管理办公室、教学管理办公室、军事理论教研室和专业教研室,现有教师、教员70人;军士学院教学区占地面积约200亩,现有军士学员1256人,其中空军定向军士726人、陆军定向军士530人。

	2015年	2016年	2017年	2018年	2019年	2020年
□检测技术与应用	58					
■无人机应用技术	36	49				
■理化测试与质检技术		59				
■液压与气动技术		43	49	100	160	150
■飞行器制造技术		43	149	149	197	170
■飞机电子设备维修			100	139	96	100

图23 2015—2020年定向军士专业及招生情况

二、以部队军技改革需求为导向,培养工匠型军士人才

学校聚焦人才培养的关键要素,坚持以部队军技改革需求为导向,以专业建设为核心,全面提高技术技能人才培养的精准性。优化专业设置,主动顺应部队由数量规模向质量效能转变的要求,精准对接军技改革需求,构建体系完备的军民融合专业体系结构。将定向培养军士专业打造成中国特色高水平专业(群),为空军、陆军以及其他国防力量提供大批高素质技术技能人才和素质过硬、技术技能拔尖的军中"大国工匠"。

(一)明确目标——人才为本、需求为先,明确军士学员的目标定位

学校秉承人才为本、需求为先的原则,切实找准军士培养的目标定位。

一是忠诚为魂。军队最讲忠诚,定向军士的培养我们首先铸魂。培养

过程中,我们坚持用习近平新时代中国特色社会主义思想灌注军士学员,重视抓好现实思想教育,用好周边红色资源,打造学校"航空报国、使命光荣、根植航空"的特色文化,帮助军士学员熔铸忠诚初心,熏陶忠诚情怀,打好忠诚底色。

二是技能为要。在定向军士培养过程中,我们主要围绕培养专业型、工匠型的军士人才,着力传授系统的理论、传递前沿的信息、传教专业的技能,全面提升军士学员的专业素质。

三是作风为基。从军士学员入校后,我们就坚持以军人的标准历练严谨、严肃、严密的优良作风,锤炼求实务实、敢打敢拼、令行禁止、吃苦耐劳、勤俭节约的优秀品质。

四是健康为本。没有良好的身心素质,难以完成艰巨的任务。在日常训练中,我们采取多种手段开展军事基础训练、岗前适应性训练和心理技能训练,并针对性搞抗压抗挫的心理素质训练,确保每名军士身体达标、心理合格。

(二)凝练总结人才培养模式——"三元三段三融"定向军士人才培养新模式

在5年的定向军士的培养过程中,我们按照"系统培育、能力递进、全面渗透"的原则,与军队指导院校、部队训练结构密切协同、联培联训,坚持"三元共育"的协同育人机制,优化了符合职业教育特点的"三段衔接"培养路径,创新了具有军民融合特色的"三个融合"教育教学管理模式,从人才培养目标与定位、课程体系与内容、教学方式与方法、管理评价与保障机制等方面进行了全方位改革与实践,夯实了定向军士的军政素质和专业技能,从而达到"三个标准",即达到高职学生毕业标准、入伍标准和军士考核标准;实现"两个跨越",即毕业学生向新兵、新兵向军士的跨越。"三元三段三融"定向军士人才培养新模式如图24所示。

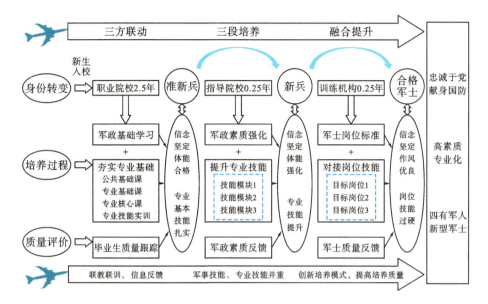

图24 "三元三段三融"定向军士人才培养新模式

(三)对接标准,构建对接部队需求的人才培养方案

对接部队岗位能力需求、高职高专教学标准、行业标准,我们联合成立由用人部队、指导院校、行业企业等多方人员组成的定向培养军士专业建设委员会,在人才培养方案(图25)起草研究、论证审定及教学实施各个环节,发挥各方智力、人力优势,将军队技术改革的新知识、新技术、新工艺、新规范及时反映到人才培养和课程教学中,全面体现产教融合、军民融合人才培养模式改革要求,构建课程体系框架(图26)。

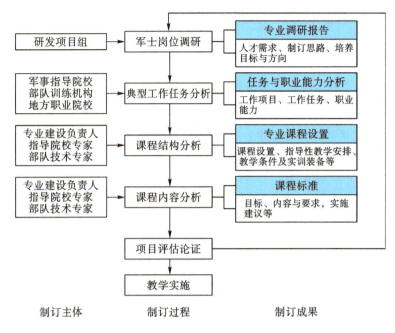

图25 军士专业人才培养方案制订流程

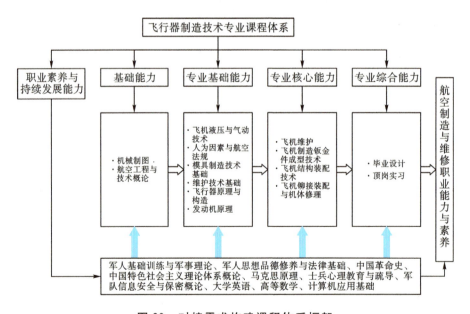

图26 对接需求构建课程体系框架

(四)对接标准,构建军政训练体系,夯实军政素质基础

参照部队现行军事训练和政治教育体系标准,构建了"基础性内容＋主导性内容＋辅助性内容"的思想政治教育体系(图27)和"军队常识＋军事技能训练＋军事体育训练＋拓展训练"的军事基础训练体系(图28)。

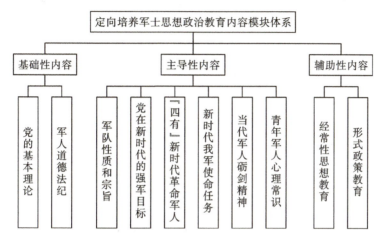

图27 定向培养军士思想政治教育内容模块体系

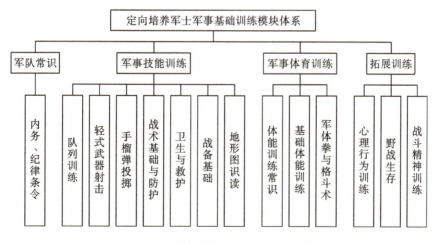

图28 定向培养军士军事基础训练模块体系

(五)对高职高专专业教学标准,确定课程链路及实践体系

结合高职高专专业教学标准、部队需求,依据学生能力递进规律,确定课程链路(图29)、实践课程体系框架(图30)及实训条件要求。

图29 飞行器与数字化制造技术专业课程链路图

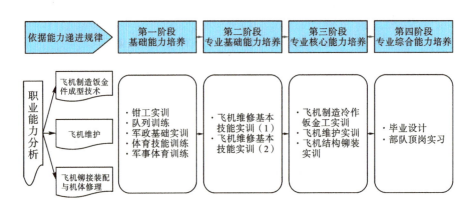

图30 飞行器与数字化制造技术专业实践体系框架图

(六)对接行业标准,构建岗位模块课程标准

通过调研军工企业,明确职业岗位从业人员职业角色,分析职业岗位需求(图31),确定岗位模块化单元教学标准。

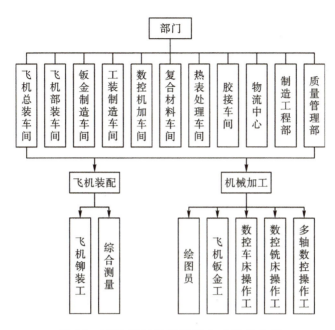

图 31　某飞机制造厂部门人才需求分析

表 5　"飞机铆装钳工"实训单元教学标准

实训课程名称	飞机铆装钳工
计划学时	96学时
适用岗位或对象	飞机铆装工

序号	实训教学流程	实训教学内容
1	明确实训要求	按照实训场所管理规范
2	描述实训任务	1.铆装钳工岗位的职业素质； 2.飞机普通铆接的知识和技能； 3.飞机干涉配合铆接的知识和技能； 4.飞机特种铆接的知识和技能； 5.飞机密封铆接的知识和技能
3	明确实训目标	通过实物操作训练能够充分达到飞机铆装钳工中级技能所需要的知识和技能

续表

序号	实训教学流程	实训教学内容
4	准备实训条件	实训设备、设施： (1)场地符合标准要求； (2)工具、设备、耗材准备就位； (3)水电气接通良好； (4)劳保设施齐全
5	确定实训方案	1.检查设备； 2.确定孔位； 3.钻孔锪窝； 4.去毛刺； 5.施铆； 6.质量检查； 7.防护处理
6	评价实训效果	1.检查设备(工具、设备清单核对完整)； 2.确定孔位(操作流程正确、符合工艺标准)； 3.钻孔锪窝(操作流程正确、符合工艺标准)； 4.去毛刺(操作流程正确、符合工艺标准)； 5.施铆(操作流程正确、符合工艺标准)； 6.质量检查(操作流程正确、符合工艺标准)； 7.防护处理(操作流程正确、符合工艺标准)

(七)对接行业标准，借助地域优势、行业优势，引入企业优质资源共建校企实训基地

学校地处"中国航空城"核心区，全国最大的飞机制造企业——航空工业西飞公司、全国唯一的飞行试验研究鉴定中心——中国飞行试验研究院等一批航空龙头企业集聚周边，为学校提供了人才、技术、设备和管理等高端资源。学校与空军工程大学航空机务学校和中国飞行试验研究院中飞产业公司深度合作（图32），依托试飞院机务部的试飞院功勋飞机陈列区、试飞院工学院机务实训场（图33）以及机舱舱盖训练室、航空座椅训练室等12个实训室，提升航空类专业军士生的机务维修基本技能水平和专项维修保障综合能力,构建军地资源共享共融机制,提高军士生对我军航空装备维保的适应能力和对先进装备基本操作能力。

图32　学校与中国飞行实验研究院签订战略合作协议

图33　试飞院工学院机务实训场

(八)对接军工文化,将部队的优良传统和作风传承给学生

学校聘请了试飞英雄黄炳新、空军工程大学方莉教授、71897部队教官等专家担任客座教授、国防教育校外辅导员和校外教官,共同保障军士学院开展高质量教学工作(图34)。在军士学员的日常管理中,聘请了对应兵种管理人员作为学员队队长,将部队优良传统和作风渗透在日常学

习、训练中,潜移默化地传承给学生。

空军工程大学方莉(左)教授　试飞英雄黄炳新担任客座教授　陆军航空兵学院高级工程师乔庆刚为新生做报告

图34　学校聘请部队专家做专题报告

(九)梳理总结　形成质量年报　强化质量意识

军士学院每年梳理总结,组织编写年鉴,对部门的质量目标、机构设置、人员情况、落实学校决策部署、年度完成任务及特色亮点工作进行全面总结,并找出存在的问题,分析研判并提出改进措施(图35)。

01 士官学院部门基本情况(质量目标、机构设置、人员情况等)

02 部门工作质量(落实学校决策部署、年度完成任务等)

03 特色亮点工作(特色工作及实效等)

04 存在的问题及改进措施

图35　《士官学院年鉴》及主要内容

三、传承航空维修"军工基因",定向军士培养成效显著

截至2020年12月,已有932名军士毕业生奔赴五大战区一线部队服役,嘉奖捷报频传(图36)。雷大奔等7名同学在2019年国庆阅兵中获得执行重大任务纪念章;在空军部队举行的新兵比武中,我校军士生技压同类兄弟院校勇得第一,30多名学生获"优秀学员"称号;2018届毕业生余锦飞原创作品《雄鹰》《列阵长空》《空天之梦》在央视国防军事频道和空军新闻网播放,引起强烈反响。

图36　毕业生奔赴各大战区建功立业

(一)形成军民联合培养的"三元共育"协同育人机制

在培养主体层面,充分发挥职业院校、军队指导院校、部队训练机构三方联合培养的优势,各方针对教学对接、联培联训、人才跟踪、信息反馈等方面建立专业指导委员会、定期会晤等运行机制,实现了分时期、分阶段、多措并举夯实定向军士人才培养工作。

(二)优化符合职教特点的"三段衔接"人才培养路径

在培养过程层面,按照"系统培育、能力递进、全面渗透"的原则,三方充分发挥主体能动性,分三个阶段(2.5年+0.25年+0.25年)分别在职业院校、军队指导院校、部队训练机构进行军政基础与专业技能、军政素质强化及军士岗位实操的学习与训练,从而达到"三个标准"和"两个跨越",即达到高职学生毕业标准、入伍标准和军士考核标准,实现毕业学生向新兵、新兵向军士的跨越。

(三)构建军民融合特色的"三个融合"教学与管理模式

在培养目标层面,将专业素养与军政素质有机融合;在课程体系与内容中,将贯彻国家高职专业教学标准与部队军士岗位标准有机融合;在管理和运行中,实现高职教育管理模式与部队军事化管理模式的有机融合,夯实了定向军士的军政素质和专业技能,着力为部队培养"政治合格、诚实守信、技能过硬、身心健康"的"准军士"。

(四)形成"校内军校"层级管理体制

针对部队军事化管理的要求和高职学生教育管理模式的特点,建立了完善的"宿舍→班→区队→队部→学院"层级管理体制,将军事化管理与"6S管理"相结合,制订了《士官学院学员手册》,严格标准、狠抓落实,选拔优秀军士学员担任"军政助理","一对一"配备到100个新生班级,协助其他学院开展日常行为规范的管理工作。选拔高年级优秀学员承担新生军训任务;组建了校园文明督导队、军乐队等团体,发挥了品牌"示范效应"(图37)。

图37　军乐团、文明督导队、学员手册及军士传媒

(五)初步建成军事资源库,提升学员军政素养

学校建设了"军事基础技能训练"等5门军政基础特色教材与课程,逐步丰富立体化教学资源,与空军工程大学、中国飞行试验研究院、中国人民解放军第5702工厂等单位共同成立了教学团队,联合编写教材,共同进行实践教学,推进"三教"改革在军士人才培养过程中的落地与实施(图38)。

图38　军士学员在空军工程大学参观学习

(六)加强军工文化的传承,实现优质资源共享

学校积极为空军西安军械修理厂等部队单位培训军士200余人次,承担普通高中军训及国防教育10000余人次,并在地方和学校的维稳防暴应急工作中发挥了重要作用(图39)。

图39 为空军修理厂进行军士专业技术培训、普通高级中学军训及国防教育

(七)形成可借鉴的培养模式,深化军民融合的内涵

西航的军士学员们忠诚的信仰、高超的技能和过硬的作风在学生中树立了标杆和榜样,形成了争先创优的"军士效应",定向军士的"空军蓝""陆军绿"已成为学校新的"名片"。学校军士培养工作得到了部队及社会各界的一致好评。2018年学校荣获"全国国防教育特色学校"(图40);学校主持申报的《基于军民融合的"三元三段三融"定向士官人才培养模式改革与实践》获得2020年"第二届全国航空职业教育教学成果奖"三等奖(图41);延安职业技术学院、成都航空职业技术学院等十余所院来校调研学习;新华网、光明网、华商网等多家媒体多次专题报道学校定向军士的培养情况,示范引领效应凸显(图42)。

图40 2018年学校荣获"全国国防教育特色学校"

图41 学校定向军士人才培养模式获得"第二届全国航空职业教育教学成果奖"三等奖

图42　多家媒体专题报道学校定向军士的培养情况

"三位一体"助力教学能力提升

为推进教师、教材、教法"三教"改革,加强职业院校"双师型"教师队伍建设,更好地适应教学模式和评价模式改革需要,满足基于工作过程的模块化课程、实施项目式教学要求,切实提高课堂教学质量,全面推进职业教育高质量发展,以全国职业院校教学能力比赛为抓手,着力探索了教学设计、教学实施、教学反思"三位一体"的教学方式改革,助力教学能力的提升,推进"三全育人"。

一、总结提炼"三步两意"保质量、"四有三多"铸金课的在线教学设计方案

积极探索线上教学设计的新方案,概括为"三步两意"保质量、"四有三多"铸金课(见图43)。

"三步两意"即通过"教学准备、教学实施、教学反思"三步,获得"高效创意、效果满意"的课堂。"四有三多"即教学资源的"学有所用、学有所乐、学有所获、学有所辅",教学方式的"多平台、多方法、多元化"。

(一)"四有原则"准备教学资源

"四有原则"即"有用、有趣、有效、有料"。换句话说,教师课前准备的教学资源(PPT、教案等)对学生来说一定要是学有所用、学有所乐、学有所获、学有所辅的。教师在课前可以通过职教云等学习平台构建、筛选、导入完整的教学资源。这就要求教师对所教课程的教学内容务必合理规划、适当重组以及优化改组,每节课的教学目标要明确而具体,设计过程中注意突出教学中重点、突破教学难点,唯有如此,才能实现有效教学,让在线课堂充满活力,真正让学生"动"起来,享受到学习乐趣,从而变"要我学"为"我要学"。

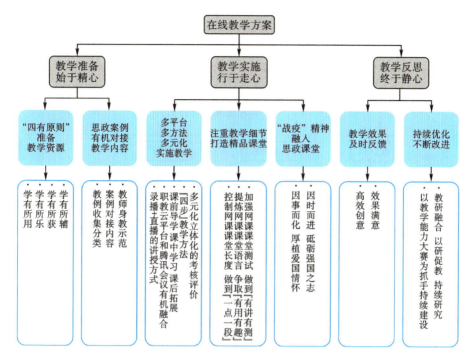

图 43　在线教学设计方案

(二)思政案例有机对接教学内容

思政案例在教学中扮演着举足轻重的角色,而在进行教学之前,首先应借助网络有针对性地选择案例。在进行案例收集后,不能进行随意的安置,需要对这些案例进行分类,可以说,通过对案例的分类可以使教师有的放矢地开展教学活动。其次,案例和教材内容进行对接。案例有其自身的特点,教师在对案例的运用时应同教材的内容相承接,才能发挥案例的效力。再次,除了在案例挖掘时教师不要忽视自身主体的思政作用外,一方面加强教师的"身教"示范,利用自身的敬业精神为学生做示范,潜移默化地影响学生;另一方面是严格要求和管理,塑造学生良好的学习习惯,规范职业素养,在一点一滴的教学细节中,培养学生锲而不舍、专心致志、精益求精的精神。

(三)多平台、多方法、多元化实施教学

利用课前导学、课中学习、课后拓展三个教学环节开展"四步"教学方

法,多维化、立体化地考核评价及关注学生学习过程,将过程性评价和终结性评价紧密结合。具体教学实施过程如图44所示。

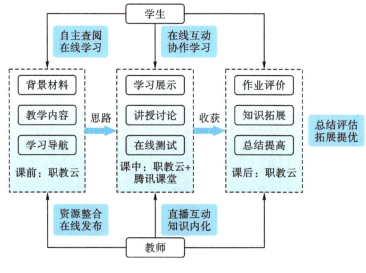

图44 教学实施过程

(四)注重教学细节,打造精品课堂

线上教学不同于传统课堂,要求教学内容要"短、密、有趣",输出节奏要"快、准、到位",教学效果"务实、有效、有获得感"。

1. 控制网课课堂长度,做到"一点一段"

线上教学不管是直播还是录播,其实都是在争夺学生的关注度,而学生的注意力其实是非常有限的。可以将授课内容分为很多段,每一段讲解一个知识点,将知识点分解,或者一个知识点一段视频,即知识点尽量碎片化。直播时更要学会知识点讲解过程中的目标明确、分点清晰。

2. 提炼网课课堂语言,争取"有用有趣"

课程直播时需要注意,闲杂语言要控制好,不然就会占用学生关注的时间,不仅不一定能改善教学氛围,反而可能分散学生的精力。应该用尽可能短的时间讲核心知识,传授核心观点。所以要注意用有趣的语言吸引住学生,用实用、简洁的语言舒缓学生的期待。

3. 加强网课课堂测试，做到"有讲有测"

线上教学要提升效果，一定要增加相应的检测练习，没有检测练习，就没有办法知道学生掌握情况，课堂测试对于"一课一得"的课堂很有效。

二、探索了"面上平行、点上发力、温故知新、梯式提升"的教学实施策略

专业课程应基于工作任务进行模块化课程组织与重构，采用强化能力培养的项目化教学等行动导向教学方法。本案例中以《传感器应用技术》课程为例，设计了逻辑上处于平行关系的项目，每个项目从主题选取、知识传授、能力培养、价值塑造四个点上精准发力，通过四个项目温故知新式的比较实施，使得"知识—能力—价值"三位一体、同频共振，呈现阶梯式提升。

这里以关系平行效果递进的四种不同传感器应用项目为例进行说明，四个项目分别利用大飞机 C919、"蛟龙"号潜水器、"复兴号"高铁、歼-20 四种不同大国重器作为载体（见图45）。对接"1+X"传感网应用开发（高级）职业技能要求，教学过程利用开放性创新设计项目突出学生电路分析设计、器件检测以及电路焊接与调试等核心能力的培养，"晓、悟、明、通"递进式达成了明原理、能设计、会应用的教学目标。教学过程以"大国精神"思政元素为引领，并适时融入团队精神、职业精神、创新精神和唯实精神等育人元素，实现了思政育人与专业引领的同向同行，提升学生职业素养并促进学生全面成长。

当然，最终课堂教学效果的落实可以通过"八看"标准进行评判。一看教学目标是否落实了"三维"要求，即看课前确定的三维教学目标是否达成。二看教学程序是否实现了"先学后教"，重点关注教学是否落实了课前导学、课中学习和课后拓展三步齐发。三看课堂上是否由"教教材"变成了"用教材"，即重点考察教师对教材的合理设计、规划、整合及应用能力。四看教师角色是否由"主演"变成了"导演"。五看学生角色是否由"观众"真正变成了"主角"。这两方面重点关注课堂教师和学生角色的转换，教学过

程是否体现以学生为中心。六看教学手段是否实现了现代化,主要考察信息化教学手段的合理运用能力。七看教学过程是否由封闭走向了开放,教育正从"封闭、线性、有序"走向"开放、复杂、动态",我们的教学也必须打破一本书、一个教室、一名教师、一个答案的封闭局面,开展多平台、多方法、多元化的教学。八看课堂教学效果是否实现了"堂堂清",重点考察每堂课教学效果的达成度。

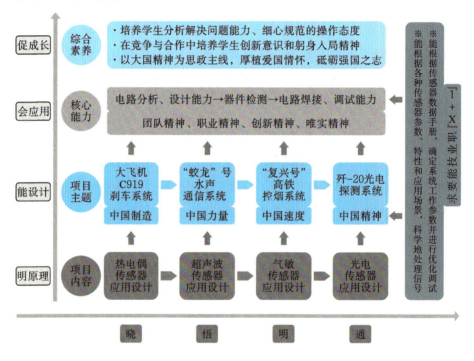

图45　教学实施主线图

基于高效课堂的"八看"标准,我们在教学实施过程中要重点关注以下七个方面问题,在这里将其总结为"一反、二关、三突、四采、五融、六调、七注",即分别为课前任务要有反馈结果;教学过程中关注采用多种教学手段和方法对教学重点难点的解决;课堂要突出学生的主体地位,以学生为中心,学生才是课堂主角;采集信息的实时性和全过程性,便于进行过程性评价和终结性评价;融入课程思政,注重工匠精神以及企业精神,将素质目标贯穿于教学过程始终;利用大数据对学习和实践的反馈,实时调整教学策略;最后注重线上课堂教学诸多细节。

三、提出了"资源为基、应用为本、技能为纲、创新为要"的教学设计理念

依据专业人才培养方案和课程标准,对接"1+X"职业技能等级标准,设计开发多元化的教学资源,包含活页式教材、课件、视频、动画、试题库以及创新项目库等。"传感器应用技术"课程在教学实施过程中以传感器应用能力培养为本,以"1+X"传感网应用开发职业技能等级要求为纲,以提高学生创新思维和创新应用能力为要,保证教学高效开展。

在教学过程中进行理实一体项目化教学,以建构主义学习理论为基础,采用任务驱动教学方法,依托立体化教学资源和多样化技术手段,在教学实施过程中设计AEAIE教学组织形式(见图46)。在新知探究、应用研析、设计创作环节,将"团队精神""职业精神""创新精神""唯实精神"等思政元素巧妙融入课堂中,激发学生学习兴趣和主动探究能力,提高职业综合素养及创新的能力,并升华价值引领,使学生感受到有用、有趣、有启发、能记住。

图46 基于AEAIE的教学设计

四、落实了"教研相长"齐并进、"十面反思"促发展的方案

"教研相长"齐并进指的是教学方式之于教学的意义,在这里概括了以下四个方面。首先是回顾反思自己的教学活动,寻找不足和缺陷。这是教学反思活动的主要目的。通过教学反思,努力发现自己教学上存在的问题、缺陷,为今后改正、提高提供基础。其次是回顾反思自己的教学活动,寻找自己教学的优势所在。教学反思,既要积极寻找自己教学上的缺陷、短板,以利改进,也要寻找自己教学上的优势,以利今后不断打磨、继续发扬,形成风格。再次是回顾反思自己的教学活动,有利于提高自己的教学水平和教学能力。教学反思之所以有利于提高自己的教学水平和教学能力,根本原因就在于前述两点上。通过反思,发现不足,有利于有针对性地改进;同时,通过反思,发现自己教学上的优势,有利于今后教学中扬长避短,打造自己的独特的教学风格。在这里,不论是前一个原因,还是后一个原因,都对教师教学水平和教学能力的提高起着举足轻重的作用。最后是回顾反思自己的教学活动,有利于教师发现和总结相关的教学规律,有利于教师开展教学研究。教学规律是具有科学性、必然性、稳定性、普遍性的教学各要素之间的联系,是教学活动必须遵循的教学原则和教学依据。教学规律是从哪儿来的呢?是教师从教学活动中发现、提炼出来的。因此,教师认真开展教学反思,并养成习惯,相信定会发现教学活动的特点、规律,有效促进教学研究的开展,实现教研相长。

"十面反思"促发展指的是教学反思从反思的内容上讲,梳理以下十条。包括反思教学目标制定得是否恰当、合理;反思教学思路是否恰当、合理;反思教学方法是否恰当、合理;反思教学手段是否恰当、合理;反思板书设计是否恰当、合理;反思教学语言是否明确、简洁、幽默、生动;反思课堂提问设计得是否恰当、合理、科学、有效;反思学生活动是否充分、有效、高效;反思教学效果是大还是小,是有效还是无效;反思、提炼自己的教学思想。

基于人才培养与技术服务同频共振战略高职产业学院的建设

一、以人才培养与技术服务同频共振战略共建产业学院

西安航空职业技术学院按照"共建、共管、共享"的原则,共建"成都纵横"和"南方测绘"产业学院,利用产业学院平台实现人员共享、设备共享、技术共享,将工业级无人机新技术、新工艺、新规范引入学校,对准高端产业和产业高端。教书育人和产教融合,体现了"德技兼修"的高质量,是中国职业教育的特色。产教融合、校企合作是职业教育教学改革的永恒主题,以校企共建产业学院为载体,通过"项目"带动,推动专业群横向课题、技术服务、社会培训等项目建设,全面提升教师企业服务能力和学生真实项目动手操作能力。校企组建理事会,建立理事会章程,明确了校企双方的责、权、利,突出了学校和企业的功能互补、人员互用、场地设备共用、产教融合等。

二、建设路径研究

(一)紧密对接区域产业发展是高职产业学院建设的逻辑起点

国务院印发的《关于深化产教融合的若干意见》明确提出"深化产教融合,促进教育链、人才链与产业链、创新链有机衔接"。随着"中国制造2025""互联网+"等国家战略的实施,以及社会分工的日益精细,我国产业转型升级和结构调整迫在眉睫。然而,高职院校与产业之间固有"壁垒"的存在,以及知识、技能等传统院校教育的滞后性,造成了高职院校的人才培养标准和技术服务水平与产业对人才和创新的需求严重脱节,不能满足产业变革对高技术技能人才的需求。高职产业学院以产业为基本载体,以服

务产业发展需求为根本出发点,把专业建在产业链上,通过构建校企所拥有的包括人才资源与产业资源高度集成的新模式,实现了教育链和产业链的跨界融合,真正形成满足校企互惠双赢,集人才培养、技术研发和社会服务等功能为一体,具有中国特色的"双元制"高职人才培养机制,这是高职产业学院的价值核心。

高职产业学院建设的逻辑起点应该从两个方面考虑:**一是**产业学院建设的目的是什么;**二是**要建成什么样的产业学院。高职产业学院建设的根本目的必然是为了服务产业升级和经济结构调整,使高职教育资源更有效地服务地方经济发展,更好地满足区域行业产业发展需求。因此,紧密对接区域产业发展是高职产业学院建设的逻辑起点。

立足区域产业发展实际是高职产业学院的基本原则。只有依托地方优势产业办学,立足区域产业发展实际,才有可能真正满足行业企业发展的真实需求,才能办出产业学院的独有特色,成为当地离不开的特色产业学院、行业都认可的一流产业学院。

西安航空职业技术学院通用航空学院分别与成都纵横自动化技术有限公司、南方测绘有限公司成立了成都纵横无人机产业学院、南方测绘产业学院(图47)。

图47　无人机应用技术专业群产业学院

(二)对接先进的通用航空产业链是高职产业学院创新的关键

高等职业教育的宗旨是为生产和服务一线培养高素质技术技能人才,

因此,校企协同育人是高职院校人才培养的根本途径,产教融合是职业教育人才培养过程的必由之路。2018年,教育部印发《职业学校校企合作促进办法》,明确指出"产教融合、校企合作是职业教育的基本办学模式,是办好职业教育的关键所在"。多年来,受传统教育观念以及固有体制机制等多种因素的影响和制约,高职院校人才培养供给侧与行业产业需求侧在人才的结构和质量等方面始终存在着不适应性,供需"两张皮"问题已经成为掣肘高等职业教育质量提升的重要瓶颈。高职产业学院是深化产教融合、校企合作的重要举措,是传统的"校企合作""工学结合""订单式培养""顶岗实习""实习实训基地"等人才培养模式的升级版,是新职教背景下一种深层次、立体化、全方位的高职教育办学模式。

西安航空职业技术学院产业学院将企业项目转化横向课题、生产任务转化教学项目、校外实习转化校内实践、生产规范转化教学标准、技术人员转化兼职教师、质检标准转化评价标准、生产岗位转化教学设备、企业文化转化职业养成等8个转化单元,提炼技术链,编定人才链,归纳岗位群,依据岗位群关联性组建无人机应用技术专业群,实现适应跨专业的复合型专业群人才培养。这种"以产业链打造专业群"建设产业学院的方式,实现了传统学院与专业的重构,可最大程度激发高职产业学院的办学活力。

西安航空职业技术学院产业学院对接先进的通用航空产业链,融合航测类3个行业标准,将航测内业作业提炼为4个知识领域、17个教学单元,按照"二维四步五析"步骤,即从专业能力和职业素养二个维度出发,按照"岗位分工—任务分解—理论分析—素质融合"四个步骤,从知识、技能、方法、工具、目标五个方面解析达到工作任务和职业素养要求的职业能力点,校企双元开发活页式教材2本,在线开放课程5门,手册式教材3本,联合制订获批国家"1+X"标准2项,成为专业建设基础规范。

制订的核心岗位职业能力标准成为国家"1+X"职业能力等级标准。西安航空职业技术学院与陕西省测绘地理信息协会、广州南方测绘科技股份有限公司联合制订了2个职业技能"1+X"国家职业能力等级标准,成为航测类专业建设基础规范。

依托产业学院创新了校企可持续、内涵式发展路径(图48)。对接企业任务,校企共建国家级生产性实训基地,实现了设备、技术、人员与企业同步更新,成立现代学徒制班,践行教学任务与生产任务深度融合,按照企业产品标准完成生产任务,解决企业人力资源短缺难题,实现"学徒—员工"零距离对接,为企业节约项目生产成本25%左右;有力促进本专业教育教学改革,入选国家级高水平专业群、国家骨干专业、省级一流专业,共建课程10门,互聘人员48人,学校承接企业横向课题35项,形成12项现代学徒制文件。对接航测领军企业,以航测高端产业生产任务为载体,依照"知识获取—能力提升—素养养成"的职业能力提升要求,创建了"熟手—能手—高手"的培养路径。

图48 产业学院人才培养、技术服务同频共振

(三)技术创新服务是高职产业学院建设的共赢保证

西安航空职业技术学院通过牵头组建成都纵横产业学院、南方测绘产

业学院,集聚政府、行业、企业和学校多方优势资源,成立京东先进高水平技术技能服务平台,服务面向阎良周边航空产业基地中小微企业的技术研发与产品升级,在"基于现代学徒制的校企协同育人机制研究与实践"等2项省级教改课题和"西藏G6线那曲至格尔木航测内业数据处理项目"等12项横向课题支撑下,西航职院与广州南方测绘集团公司(测绘行业全球第三名)成立南方测绘产业学院并以现代学徒制培养模式为主渠道,搭平台、建机制、聚资源,推动航测专业入选教育部现代学徒制试点项目(2018年立项、2019年通过验收),形成"技术技能创新服务与人才培养一体化"的"技教融合"改革创新成果,并获批在研以现代学徒制为主题的国家级项目1项、省级项目1项。研究成果有力反哺教育教学,实现了学生成才、教师成长和专业成效。

三、建设成效

西安航空职业技术学院按照"共建、共管、共享"的原则,共建"成都纵横"产业学院。成都纵横先后投入200余万元,利用产业学院平台实现人员共享、设备共享、技术共享,将工业级无人机新技术、新工艺、新规范引入学校,对准高端产业和产业高端,并在此基础上建成人才培养和社会培训基地,培养一批能演示、善执行航飞任务、通晓技术服务的业务能手50人等。纵横产业学院搭建"产学研培创"一体的技术技能创新服务平台,围绕先进的智能化飞行控制、工艺智能控制、设备智能装调等开展应用技术攻关,助力西北乃至全国的无人机培训教育发展,为生产和服务一线培养高素质技术技能人数达550人。

南方测绘投入500余万元,校企互聘人员48人,共建"南方测绘"产业学院,推动资源共享、人员共用、技术共研、功能互补,实现学校教学资源与行业最新技术同频共振。南方测绘产业学院聘请广州南方测绘有限公司西安分公司总经理马卓奇担任学院院长,西安航空职业技术学院通用航空学院院长龚小涛担任执行院长,校企组建理事会,建立理事会章程,明确了校企双方的责、权、利,突出了学校和企业的功能互补、人员互用、场地设备共用、产教融合等,组建了4个现代学徒制班级,培养学生300余人;学校承担了企业横向课题20余项,累积到款200余万元(表6)。

表6 南方测绘产业学院横向课题一览表(部分)

序号	课题名称	课题经费/万元
1	汉中市宁强县林权登记数据整合项目	42
2	宁强县数据库建库服务项目	28.62
3	基于倾斜摄影测量下的房地一体模型DLG制作项目	28.5
4	青岛市机载LiDAR点云数据DEM/DSM制作项目	23.4
5	西藏G6线那曲至格尔木航测内业数据处理项目	31.7
6	兰州市不动产权籍调查项目	19.53

集群发展　协同推进
无人机应用技术专业群人才培养

随着无人机研制、生产成本不断降低,其应用范围日益广泛,具有旺盛的市场需求和广阔的发展前景,在国民经济建设中的作用日益突出。作为战略性新兴产业,未来对无人机类专业技术技能型人才的培养提出新的要求。高职院校面对无人机行业需求的现实问题如下。

无人机行业的高速发展,急需培养一批综合实践技能扎实、具有工匠精神和创新能力的无人机专业人才,原有的实践教学模式不能完全适应人才培养的需要。学生综合实践能力无法满足无人机行业对人才的新要求。

长期以来,由于企业参与教学积极性不高、校企合作停留在一纸协议、合作深度不够等问题,多数仅停留在订单式培养、接收学生实习等表面层次,缺乏深度和广度。校企合作深度不够,产教融合协同育人机制不完善。

无人机行业产品更新速度很快,合规外场实训手续繁多,危险性高,实践教学存在地点难以选择、安全风险高、内容不系统等缺点,致使实践教学资源更新滞后、功能不全,理论与实践教学匹配度不高。

一、搭建平台,共筑高地,打造"人才共育、技术共研、培训共担"的校企共同体

长期以来,由于企业参与教学积极性不高、校企合作停留在一纸协议、合作深度不够等问题,直接导致专业建设缺乏实质性合作平台,难以形成系统完整、方法机制科学、量化评价标准的专业建设模式。对此,项目组采

取了如下解决方法。

(一)搭建合作平台,形成校企命运共同体

1. 共建实训基地,校企相长

与合作企业共建生产性实训基地,开展与实际生产一致的实践教学、社会培训和技术服务。校企联合开展横向课题研究,教师与企业员工共同开展技术难题攻关和科技创新,为企业革新服务。学生在校内外实训基地中多岗位开展企业生产实践,实现学生到企业员工的转变。

积极与企业共筑"课程超市",实施依岗选课制。根据无人机岗位特点分层培养、区分轮训,从而满足学生个性化学习,加强实践能力培养,促进学生多元发展,培养复合型技术技能人才;教师也在其中能继续学习,提升专业实践能力。

2. 共建产业学院,校企互补

与行业领军企业、龙头企业开展深度合作,共建产业学院等校企合作平台,引进企业标准,项目与专业建设深度融合,形成共建专业、共同开发课程、共建共享实训基地、共享校企人才资源、共同开展应用研究与技术服务,实现校企优势互补、多样化合作。

无人机产业学院可成为合作企业的人才培训中心、营销中心以及研究中心,同时成为学校无人机专业的研究基地、实践基地以及大学生创新创业基地。在培养过程中,突出"双元"特征,推进招生招工一体化,按照现代学徒制"双主体、双身份、双导师、双场所、双考核"的培养要求,推行面向企业真实生产环境的任务式培养模式,主动参与生产流程再造,推动专业建设与产业发展相适应。

3. 校企共享师资,协同育人

打通与行业企业师资互聘共用的渠道,形成校企之间高技能人才与教师双向流动,构建"双师型"教学团队。将新技术、新标准、新工艺、新规范等引入课程体系,依据企业实际岗位需求,将职业能力需求嵌入课程标准和教学过程,实现专业与岗位有效对接,推进"1+X"证书制度,凸显人才

培养标杆性和引领性。人才培养高地引领性示意图如图49所示。

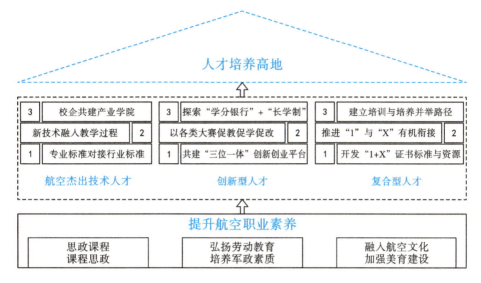

图49 人才培养高地引领性示意图

(二)凝练专业校企合作模式,配套量化评价标准

高职专业建设的实质是校企共建,依托生产性实训基地和产业学院,校企共同设置专业框架;共同制订人才培养方案;根据岗位需求和职业标准,共同制订核心课程标准、开发课程;共同培育师资队伍,共同开展机制优化,实现校企长效合作。

校内制定和完善《深化产教融合管理办法》《产业学院建设运行管理办法》《校企人员双向流动兼职兼薪工作方案》等,形成一批具有引领改革、辐射带动作用的可复制、可借鉴、可推广的政策及制度样板,为高职教育方案提供依据和参考。

二、分层培养,岗位轮训,创新育人和专业建设模式

无人机产业作为战略性新兴产业,随着无人机产业与三大产业的深入融合,未来无人机应用技术岗位将会对"一专多能"复合型人才产生迫切需求。企业对从业人员的岗位能力更加看重,而高职院校在培养无人机人才时,往往出现"能力单一""再培训多""留不住人"等现象。为了有效改变这

种现象，提出了以无人机生产性实训基地为依托，实施"分层培养，'1＋M＋N'岗位轮训制度"〔1(学生)＋M(企业)＋N(岗位)的岗位轮训制度，使一个学生可在多家合作企业的多个专业岗位开展实习实训项目，从而让学生将所学理论知识进行实践应用〕的教学改革。一方面，使培养的学生"能力多元""再培训少""留得住人"；另一方面，切实解决了在培养面向无人机产业人员时遇到课程设置中理论与实践教学比例与高素质技术技能型人才培养要求匹配度不高、无人机行业企业参与职业教育缺乏行政手段的制约和政策制度层面的支持与保障、实践教学资源更新滞后、"双师型"师资质量不足等问题。

针对高职生源基础薄弱、动手能力受限、差异性较大的特点，按照"分层—递进—个性化"的链条组织教学。遴选优质合作企业，实施"1＋M＋N"的岗位轮训制度，积极与企业共筑"课程超市"，实施依岗选课制。根据无人机岗位特点分层培养、区分轮训，从而满足学生个性化学习需求，加强实践能力培养，促进学生多元发展，培养复合型技术技能人才；教师也在其中能继续学习，提升专业实践能力。至今，无人机专业共培养出600余名从事无人机电力巡检、农林植保、航空测绘、航拍、安防巡检、产品测试、售后维修和培训教育等高素质技术技能专业人才。

(一)创新育人模式

针对高职教育无人机专业建设现状，提出"分层培养，'1＋M＋N'岗位轮训制度"的育人模式，通过校企共建生产性实训基地、产业学院，师资共享，打造专兼结合的"双师型"教学团队，为实行分层培养和多岗位轮训提供场地和师资保障。同时形成了专业建设系统，解决了人才培养课程理实比与高素质技术技能人才培养要求匹配度不高的矛盾，以及企业参与教学积极性不高、合作深度不够、"双师型"师资质量不足等问题。

(二)注重教学细节，打造精品课堂

校企先后组建了"翔仪订单班""德润订单班""纵横现代学徒制班"等

8个订单班,2个现代学徒制班;共建了垂直起降固定翼无人机实训基地、AOPA无人机培训基地;与成都纵横共建"无人机产业学院",与大疆创新共建"校企合作基地",与京东共建"京东无人机系统协同创新中心",解决了实践教学资源更新滞后问题。

依托生产性实训基地、产业学院等平台,结合企业核心业务和技术专长,校企共建专业,共同开发课程和培训体系;共享实训基地资源,共同开展岗位轮训实践教学;共享校企人才资源,共同培养高素质技术技能人才;让校企合作贯穿专业建设、人才培养全过程。

(三)构建专业建设新机制

校企双方共建生产性实训基地、产业学院、协同创新中心等实体平台。校企双方对实体平台具有共同决策权,双方共同制定校企合作平台相关制度、健全运行及质量管理机制,形成校企合作的长效机制,做到校企双赢、共同发展。

三、建设成效

(一)专业建设和校企合作成果丰硕

在相关企业的支持下,无人机应技术专业成为"中国特色高水平院校无人机应用技术专业群重点建设专业",被教育部认定为"国家级校企共建无人机生产性实训基地",承担陕西省大学生校外创新创业教育实践基地、"1+X"无人机驾驶员职业资格等级证书试点、陕西省职业教育"1+X"专项课题和国家级无人机应用技术专业教学资源库课程建设任务,参与大疆企业申报的第四批"1+X"证书标准制定。与成都纵横共建"无人机产业学院",与大疆创新共建"校企合作基地",与京东共建"京东无人机系统协同创新中心",校企共建产教融合平台,按照"合作、发展、共赢"的原则,建立人才共育、人员互通、资源共享、利益共赢的可持续发展长效机制,如图50所示。

图50 产业学院和校企合作基地

(二)校企协同育人,学生创新创业和岗位能力提升

学生在校内外实训基地进行岗位轮训,多岗位实践能力和创业能力显著增强。与合作企业组建订单班8个、现代学徒制班2个。学生技能大赛水平显著提高,在中、省、行业技术技能大赛中奖励27项,航空行指委举办的无人机应用创新技能大赛二等奖1项、三等奖1项,"互联网+"大赛省级银奖3项、铜奖3项,学生20余次到中小学进行无人机表演和航空文化传播(图51)。

图51 学生技能大赛和创新创业大赛获奖证书

(三)校外推广,发挥了引领作用

先后有20多所中高职院校到学校参观学习,指导了10多所兄弟院校开设无人机专业,为兄弟院校培养了一批师资队伍。2019年航空行指委无人机应用技术专指委工作会议上向50多所院校和10余家企业分享无人机应用技术专业人才培养与校企合作的经验;河北工业职业技术学院、陕西机电职业技术学院在开办无人机应用技术专业中,借鉴了专业建设的成功经验。

央广网对无人机应用技术高水平专业群的建设进行了专题报道,教育部新闻办微信教育、中国高校之窗、职教强国、陕西传媒网、陕西日报、宇辰网等媒体对无人机专业建设也进行了专题报道,辐射带动作用显著。

技教融合：基于现代学徒制的航测专业人才培养模式构建与实践

从2014年起，学院针对专业人才培养和技术技能服务难融合问题，在"基于现代学徒制的校企协同育人机制研究与实践"等5项省级教改课题和"西藏G6线那曲至格尔木航测内业数据处理项目"等22项横向课题支撑下，西航职院与广州南方测绘集团公司（地理信息行业全国最大世界第三大供应商）以现代学徒制培养模式为主渠道，"搭平台、建机制、聚资源"，成立西航职院—南方测绘产业学院，推动航测专业入选教育部现代学徒制试点项目（2018年立项、2019年通过验收），探索"人才培养与技术技能创新服务一体化"的人才培养模式，并获批在研以"产业学院"为主题的国家级项目1项、省级项目1项。逐步部署有力反哺教育教学，实现学生成才、教师成长和专业成效的人才培养与技术服务同频共振战略。技术技能服务与人才培养融合平台示意图如图52所示。

一、构建技术服务与人才培养融合平台

按照"共建、共管、共享"的原则，南方测绘投入500余万元，校企互聘人员48人，共建"南方测绘"产业学院，推动资源共享、人员共用、技术共研、功能互补，实现学校教学资源与行业最新技术同频共振，建立了集产、学、研、创、用于一体，互补、互利、互动、多赢的实体性人才培养创新平台，为提升西北地区航测产业竞争力和汇聚发展新动能提供人才支持和智力支撑（图53）。

南方测绘产业学院聘请广州南方测绘有限公司西安分公司总经理马卓奇担任学院院长，西安航空职业技术学院通用航空学院院长龚小涛担任

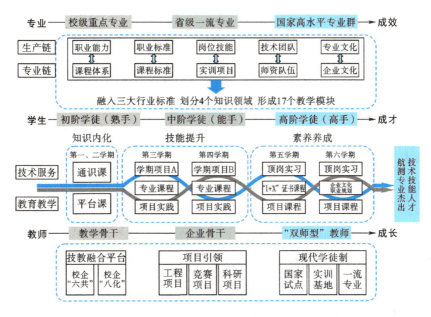

图52 技术技能服务与人才培养融合平台示意图

执行院长,校企组建理事会,建立理事会章程,明确了校企双方的责、权、利,突出了学校和企业的功能互补、人员互用、场地设备共用、产教融合等,组建了4个现代学徒制班级,培养学生300余人;学校承担了企业横向课题20余项,累积到款200余万元。

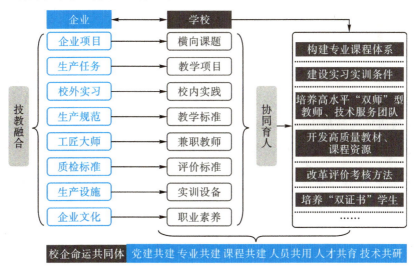

图53 产业学院任务分解表

(一)现代学徒制培养案例

案例名称：黄陵县和湘东区全国第三次土地调查项目是我校摄影测量与遥感技术专业与南方测绘集团共同开展的现代学徒制项目化教学案例。本次项目案例是基于第二次全国土地调查成果，遵循自然资源部印发的最新标准，利用航空航天遥感技术、摄影测量技术、测绘与地理信息技术、GPS技术等厘清我国各类土地的权属状况，并将每一块土地的所有权和使用权登记入库，提升了学生的专业知识水平和实践动手能力。

(二)现代学徒制培养过程

校企双导师共同研究梳理黄陵县和湘东区全国第三次土地调查项目，企业导师从两个项目的任务实施角度将其分解为4个任务、15个模块，学校导师从教学角度辐射出4门相关课程，校企双导师联合设计出生产任务与学习项目的模块和包括项目任务技术指标、职业素养等的考核方案。根据本项目特点，校企导师将24名同学(学徒)分成6组，其中无人机外业1组，内业数据处理5组，每组分配对应任务，由企业导师从技术角度讲解无人机、全站仪、数字水准仪等专业设备如何操作使用及每个任务关键点的实施方法、操作步骤、技术要求等，学校导师从课程体系角度讲授与之相关的理论知识，校企双导师基于两个真实测绘项目开展产教一体化教学。24名同学在企业师傅和学校教师的指导下，在学生和学徒"双身份"中自如切换。从学校教师手把手教学生利用影像进行调绘、使用软件采集数据，到企业师傅带领学徒上手进行基础测量，再到学生独自完成数据库入库和成果输出，历时6个月，学生相互协作，发挥团队精神，攻坚克难，最终在项目验收时间节点前，通过校企导师联合考核，按时保质完成企业任务，具体学习过程如图54所示。

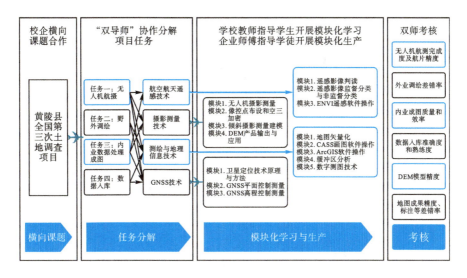

图54 黄陵县全国第三次土地调查项目典型案例

(三)现代学徒制培养效果

(1)"无人机测绘技术""测绘学基础""摄影测量""像片调绘""像片控制测量""地理信息系统"等课程有关知识与技能点达标。

(2)团队精神、吃苦耐劳精神等职业素养提升。

(3)准员工的劳动获得企业方的高度赞誉;吴昊阳和张宇同学受到企业师傅一致好评,并在后续的合作项目中担任项目组长。

(4)依据企业测绘数据交付标准和测绘岗、数据处理岗、无人机操作岗等岗位操作规范,校企联合开发《无人机测绘技术概述》等教材3本。

(5)项目数据经企业检验,合格率97%。

二、推行现代学徒制,构建校企协同育人机制

将航测专业2/3专业实践课改革为以企业横向课题为载体的教学单元,采用现代学徒制模式,推行双主体育人、双身份学习、双导师授课、双场所教学、双标准评价,针对岗位作业知识点,实行"企业导师讲操作、学校导师讲理论"的分工协同育人机制,近三年完成企业横向课题35项,到款392万元,培养学生400余人(表7)。

表7 现代学徒制实践探索案例相关信息表(部分)

序号	企业名称	企业性质	合作时间	企业负责人	企业导师
1	中煤航测遥感集团航测工程院	国企	2014年	马金龙	苏向辰 王新强 罗存
2	中煤航测遥感集团航测监理院	国企	2014年	杨博	宋健 田健康 吕亚海
3	中煤航测遥感集团地下空间科技有限公司	国企	2016年	孟瑜	郭程亮 冯娜
4	中国电建集团西北勘察设计研究院	国企	2015年	刘明波	刘明波 左鹏波 胡成龙
5	广州南方测绘集团西安分公司	私企	2014年	马卓齐	马卓齐 山伟 代国涛 林江
6	北京中勘迈普科技有限公司	私企	2016年	吴家付	吴家付 苗壮 王磊
7	陕西迪博景源测绘地理信息有限公司	私企	2014年	崔晓莹	王永宏 张军 惠群
8	陕西国一四维航测遥感有限公司	私企	2014年	高原	高原 张保涛

三、"二维四步五析",校企"双元"开发教学资源

融合专业内 3 个行业标准,将岗位作业提炼为 4 个知识领域、17 个教学单元,按照"二维四步五析"步骤,即从专业能力和职业素养两个维度出发,按照"岗位分工—任务分解—理论分析—素质融合"四个步骤,从知识、技能、方法、工具、目标五个方面解析达到工作任务和职业素养要求的职业能力点,校企"双元"开发活页式教材 2 本,在线开放课程 5 门,手册式教材 3 本,联合制订获批国家 1+X 标准 2 项,成为专业建设基础规范(图 55)。

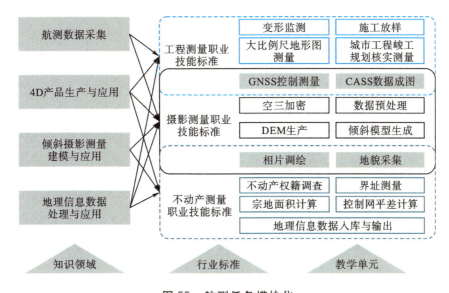

图 55 航测任务模块化

制定的核心岗位职业能力标准成为国家"1+X"职业能力等级标准。西安航空职业技术学院与陕西省测绘地理信息协会、广州南方测绘科技股份有限公司联合制定了 2 个职业技能"1+X"国家职业能力等级标准,成为航测类专业建设基础规范。

职业技能等级标准一:测绘地理信息数据获取与处理,该标准适用于中等职业学校、高等职业学校和应用型本科高校的测绘类、水利类和土建类相关专业,主要面向的职业岗位(群)包括大地测量员、工程测量员、摄影

测量与遥感工程技术人员、地图制图员、海洋测绘工程技术人员、地理国情监测工程技术人员、环境监测工程技术人员、安全评价工程技术人员、房屋安全鉴定工程技术人员、监理工程技术人员、造价工程师、土地整治工程技术人员等。测绘地理信息数据获取与处理职业技能等级分为三级：初级、中级、高级，三个级别依次递进，高级别涵盖低级别职业技能要求。初级工要求熟练使用传统测量技术获取测量数据，进行平差计算，完成矢量图的生产；中级工要求熟练使用摄影测量与遥感技术获取测量数据并掌握影像数据处理方法，完成4D产品的生产；高级工要求熟练使用室内外移动扫描技术获取测量数据并掌握点云数据处理方法，完成三维模型的建立。

职业技能等级标准二：测绘地理信息智能应用，该标准适用于中等职业学校、高等职业学校和应用型本科高校的测绘类、水利类和土建类相关专业，主要面向的职业岗位（群）包括地形图制图工程技术人员、遥感影像数据处理工程技术人员、激光点云数据处理工程技术人员、监理工程技术人员，支持各相关行业智能化应用的测绘地理信息数据加工/处理的岗位（群）等。测绘地理信息智能应用职业技能等级分为三级：初级、中级、高级，三个级别依次递进，高级别涵盖低级别职业技能要求。初级工要求熟练使用矢量数据处理软件；中级工要求熟练使用遥感影像数据处理软件；高级工要求熟练使用激光点云数据处理软件。

四、创新点

（一）平台创新：创建了集"技术技能服务与人才培养"于一体的实体化平台

对接龙头企业，建立以高端企业主流技术为主线的校企创新平台，按照"物权自有、使用权共有、收益权共享"的原则，引进企业新技术、新工艺，将企业人员、软件、设备、技术、文化与学校资源有机结合，打造一体化校企创新平台，实现六个共同：党团共建、专业共建、课程共建、人员共用、人才共育、技术共研,推行现代学徒制培养,有效解决企业人力资源短缺及高端技术人才培养难的问题。

(二)机制创新:创新了校企可持续、内涵式发展路径

对接企业任务,校企共建国家级生产性实训基地,实现了设备、技术、人员与企业同步更新,成立现代学徒制班,践行教学任务与生产任务深度融合,按照企业产品标准完成生产任务,解决企业人力资源短缺难题,实现"学徒—员工"零距离对接,为企业节约项目生产成本25%左右;有力促进本专业教育教学改革,入选国家级高水平专业群、国家骨干专业、省级一流专业,共建课程10门,互聘人员48人;学校承接企业横向课题35项,形成12项现代学徒制文件。对接航测领军企业,以航测高端产业生产任务为载体,依照"知识获取—能力提升—素养养成"的职业能力提升要求,创建了"熟手—能手—高手"的培养路径。

(三)团队创新:创建了教学型、技术服务型校企自如切换的团队

推行现代学徒制,校企双导师在"技教融合"的育人过程中,促进了学校教师企业服务能力、工程技术能力的提升;促进了企业导师理论知识、沟通能力的提升,建立产教间、校企间、双导师间自由切换的"旋转门",形成相互支撑、相互促进的螺旋上升的校企自由切换、双向流动的机制,有效解决学校人才培养中存在的产教衔接紧密度不够、人才培养模式单一等问题。

经过教学实践,校企"双元"构建了集技术技能创新服务与人才培养于一体的"技教融合"创新平台,推行了生产性项目引领,模块化教学为抓手的教学实施过程,满足了企业的用人需求,提高了人才培养质量和针对性。

光明日报、中国职业技术教育等主流媒体专题报道,成果成为全国现代学徒制试点工作15期培训班的主要培训内容,应邀赴中德职业技术大学、北京工业职业技术学院等40余所兄弟院校交流报告,南京信息职业技术学院等30余所学校来校交流,指导20余所院校开展现代学徒制试点,

全国培训达6000人次(图56),被全国现代学徒制试点项目推广应用,应邀参加中国—新西兰现代学徒制国际研讨会等国际国内会议交流发言近10次。

图56　龚小涛作为全国现代学徒制工作专家指导委员会委员进行培训

技能引领,乐学创新型无人机应用技术专业群(机电设备方向)实践教学课程体系建设与实践

针对无人机应用技术产业链中,无人机生产制造及系统集成环节的机电设备安装、调试、操控等岗位的技能需求,以及当前毕业生理论知识不扎实、实践动手能力不强、缺乏创新精神、可持续发展能力比较薄弱等问题,以学生职业工作岗位为切入点,打破课程知识壁垒,以"工程应用、自主开发、开放自组、技能提升"为原则,改革专业实践教学设计组织实施体系,以期达到帮助学生掌握相关知识、提高工业实践技术水平、提升实际工业生产技能、培养创新意识、提升职业素养的核心目标,同步带动专业群相关专业的改革、建设与发展。

在专业群创新发展行动计划骨干专业、高职院校专业综合改革项目等建设过程中,该实践教学课题体系在实践教学、技能大赛、社会服务、科技活动以及教研工作等活动中得到了应用,学生技术技能水平提升,技能大赛成绩显著,就业竞争力逐渐增强;教师教研教改及工程实践能力提升,教学水平明显提高;专业社会服务功能更加完善,社会影响力进一步增强。

一、实践教学课程体系建设整体情况

(一)依据技能人才成长规律,创新实践教学思路,重构实践课程结构

针对目前存在的各专业课程分门教学、内容结构及知识技能衔接不够紧密、综合运用知识技能解决实践问题的能力不足的现状,创新提出"三步四阶四岗五环"的实践教学课程结构重构思路,如图57所示。

图57 课程结构重构思路

依据课程结构重构思路,以知识结构构建"认知→设计→开发"的三步循序渐进的学习规律,设计各阶段学习目标。依据目标达成要求,以知识技能提升"基础应用→典型案例→综合开发→特色发展"的四层进阶的应用需求,设计各阶段的项目内容及实践平台,通过基础应用项目认知机电设备控制系统;通过典型案例熟悉机电设备控制系统设计流程;通过综合开发和特色发展项目掌握系统开发思路及方法。提出"以岗位建课程,以项目撑岗位"的思路,按本专业方向四种典型岗位组织实践教学。以任务驱动的方式,按照"学习目标→学习任务→背景知识→任务实施→知识巩固"五环节实施教学,"三步四阶四岗五环"实践教学课程结构如图58所示。

(二)依据专业领域工程应用需求,开发实践教学项目,开展实践教学设计

针对目前机电设备专业方向实践教学过程中存在的对接岗位核心能力培养的实践教学资源有待快速充实和更新等问题,以CDIO工程教育理念为指引,结合企业生产实际、行业产业特色以及专业发展需求,突出"工程应用、实践性强"的特点,选取与专业密切相关、切实可行的真实工业案例,打破课程知识壁垒,以项目需求为目标,开发"基础→典型→综合→特色"逐级提升的,融会贯通电气控制、检测、DCS、PLC、单片机、HMI及网络通信多个方面的十余种不同应用要求的实践项目,实现各项控制技术的

深度应用。项目化教学设计过程中采用大项目、小任务方式,将不同技术要求的项目多级分解、逐步实施,将各层次工程项目内容贯穿实践教学全过程,实现工作过程与学习相结合,开发实践项目方法如图59所示。

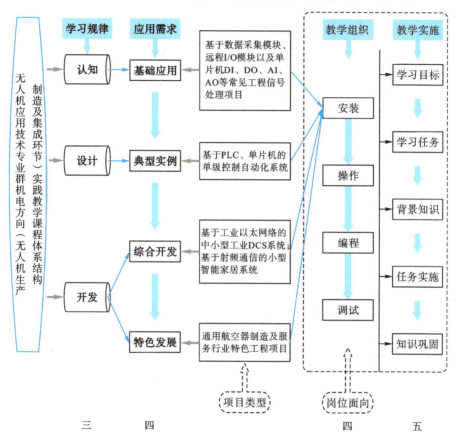

图58 "三步四阶四岗五环"实践教学课程结构

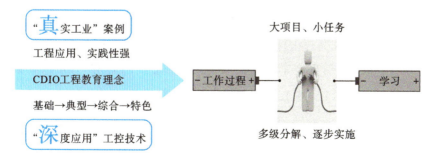

图59 开发实践项目方法

实践课程教学设计过程中,结合专业实践应用要求,突出"工程应用、实践性强"的特点,开发"基础→典型→综合→特色"逐级提升的4个不同层次的10大部分的20余项实践项目,涉及电气控制、检测、PLC、单片机、组态及网络通信多个方面的知识内容。

1. 基础应用实践项目

针对工业现场常见信号(如温度)的采集、处理、记录等需求,开发基于数据采集模块、基于远程I/O模块、基于智能仪表的基础实践项目。

(1)基于数据采集模块USB4711A的基础实践项目:数字量输入、数字量输出、模拟量输入、模拟量输出以及温度测量与控制系统工程项目。

(2)基于远程I/O模块的中小型集散控制系统实践项目:基于远程I/O模块的中小型集散控制系统设计。

2. 典型实例实践项目

针对工业现场常用被控对象(如电机)的控制要求,开发基于PLC、单片机控制器的典型实践项目。

(1)基于STC89C52的典型实例实践项目:单片机与PC机串口通信(数字量输入、数字量输出、模拟量输入、模拟量输出)。

(2)基于S7-200 SMART PLC的典型实例实践项目:PLC与PC机以太网通信(数字量输入、数字量输出、模拟量输入、模拟量输出)。

3. 综合开发实践项目

针对机电设备控制领域实际工程项目的系统设计要求,开发基于HMI、工业Ethernet、DCS等的综合实践项目。

(1)基于S7-200 SMART PLC的工程实例综合实践项目:基于仿真PLC和Kingview的反应车间监控系统设计,基于PLC和Kingview的车辆超限监控系统设计,基于PLC和Kingview的公路隧道通风控制系统设计,基于PLC和Kingview的智能交通灯控制系统设计。

(2)基于STC89C52的智能家居控制系统设计。

(3)基于工业以太网络的小型DCS系统构建:智能立体车库系统、标签打印系统、公路交通控制系统、智能饲喂系统等。

4. 特色发展实践项目

针对通用航空服务和通用航空制造产业的实际工程需求,开发融合各种知识技能,并具有良好拓展性的特色实践项目。

基于 STC89C52 和 Kingview 的机场助航灯监控系统。

基于 PLC 和 Kingview 的飞机登机舱门控制系统。

基于 RFID、PLC、单片机、工业 Ethernet、APP、HMI 等技术的机场行李分拣系统。

(三)依据创新型人才培养要求,研制实践教学平台,实施实践教学过程

针对目前实践教学实施过程中存在的实践项目拓展具有局限性、学生创新思维能力的培养难于落实等困难,贯彻产教融合理念,以创新思维能力培养为目标,结合实践项目教学需求,突出"自拟自组、开放实施"的特点,选取实际工业级器件,研制开放式基础实践项目设备、开放式电气控制系统装调、自动生产线装置等多套综合和特色实践设备平台;运用 TIA Portal、Kingview、Keil、WinCC 以及扩展 Automation Studio 等工业生产软件,构建人机交互系统,虚拟工业环境。

教学实施过程中,将模仿与创新相结合,利用开放式平台,以搭积木的方式自拟、自组典型工业生产模拟设备,激发学习兴趣;通过电路设计、安装、调试以及下位机控制程序编写、上位机系统开发,工业以太网络构建等任务环节的开放实施,完成具有行业广泛性的、符合工程标准的规定及创新实践项目,高度仿真机电设备控制系统调试和运行过程,将离散知识结构化,提升学习成就感。通过切身实践,了解该领域先进技术,建立系统知识体系以及系统设计方法,锻炼知识的灵活运用及创新能力,提升实际工业生产技能以及实践创新能力,实践教学实施方法如图 60 所示。

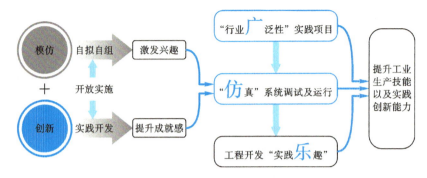

图 60　实践教学实施方法

根据实践项目任务要求,考虑技能大赛、科技创新活动等二次开发的需求,开发"开放自组式"的实践教学平台,促进实践教学条件的建设,为教师纵、横向课题的研究提供实践基础;为学生相关课程学习、实验实训、毕业设计、技能大赛及科技创新活动等提供软硬件平台。

1. 开放式基础实训项目设备

包含继电控制系统装调单元、智能仪表单元、检测单元、数据采集卡控制单元、可编程控制器控制单元、单片机控制单元六大部分。

2. 开放式综合实践项目设备

(1) 开放式电气控制系统装调实训装置;

(2) 自动化生产线控制系统装置;

(3) 公路交通控制系统装置;

(4) 机场助航灯控制系统装置;

(5) 智能立体仓库控制系统装置;

(6) 飞机登机舱门踩踏试验装置。

二、实践教学课程体系的特色与创新

(一)"三步四阶四岗五环"的实践教学设计思路,形成知识结构

按照技能人才培养岗位的针对性、培训过程的动态性以及技能提升的渐进性等特点及规律,以职业岗位需求重构专业实践课程结构框架,率先提出"三步四阶四岗五环"的实践课程设计组织实施体系,重构具有连续

性、选择性特点的专业实践教学体系,使学生通过多阶段工作任务的逐步实施,形成完整的岗位知识结构。

(二)"虚、仿、实"的实践设备平台,锻炼行业生产技能

实践教学实施过程中,以生产软件"虚拟"工业环境、实践平台"仿真"典型机电产品,通过"实际"工业级器件的综合应用,拓展学生工业实践知识及实际工业生产技能。

"虚":通过工业级仿真软件等生产软件,构建人机交互环境和模拟仿真环境,模拟生产设备调试和运行。

"仿":通过开放式实践平台,高度仿真典型机电产品生产设备及过程。实训设备功能全面,涵盖机电控制领域广泛使用的多种控制器、驱动器以及现场设备等,且硬件系统采用"搭积木"的思想,可"自拟、自组"不同功能的系统。

"实":平台使用器件均为工业级器件,且以智能生产行业工程实际应用项目为载体,设计、实施完整的符合工程标准的机电设备控制系统。

(三)"真、深、广、乐"的实践案例,提升岗位职业素养

实践教学设计过程中,项目载体对接行业真实工业案例,项目要求贯彻企业标准,实际践行工程案例应用的"真度";项目开发融合工控领域主流技术,项目设计紧跟行业发展方向,探索工控技术应用的"深度";项目内容延展产业链,项目实践创新工程应用,拓展工控技术行业应用的"广度";项目实施模拟工业项目设计、构思、研发和实现过程,体验工程项目开发的"乐度",帮助内化形成良好的岗位职业素养。

三、实践教学课程体系实践成效

近年来,随着我校无人机技术应用专业群相关专业实践教学课程体系的逐步实施、实践教学设计,以及设备平台的逐步推广,专业学生实践动手能力增强,专业技能得到快速提升,职业资格证书获取率达100%;全国职业院校技能大赛获奖率和获奖等级逐年突破,近五年校级技能大赛参赛人数累计1824人,省级技能大赛获奖累计116项,国家级技能大赛获奖累计39项。学校订单培养战略合作企业数量迅速增长。同时,教师教研教改能

力增强,教学水平明显提高,教学完成教科研项目及发表科研论文的数量和质量保持稳步增长,多名教师在国家级及省级教学能力大赛中获得奖项,获得"省级优秀教师""省级教学名师""校级教学名师"等多项荣誉(图61)。

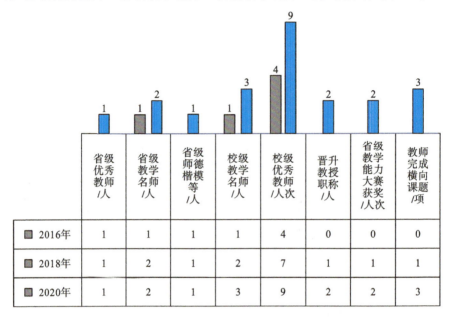

	省级优秀教师/人	省级教学名师/人	省级师德楷模等/人	校级教学名师/人	校级优秀教师/人次	晋升教授职称/人	省级教学能力大赛获奖/人次	教师完成横向课题/项
2016年	1	1	1	1	4	0	0	0
2018年	1	2	1	2	7	0	1	1
2020年	1	2	1	3	9	2	2	3

图61 2016—2020 年教学团队发展情况

在学生技能水平和教师教学能力提升的同时,本专业群利用专业优势,积极开展有关实践教学设计、学生实践能力提升路径经验,以及技能培训等进行交流和社会培训,完成陕西省高职院校机电类专业领军人物素质提高计划培训、陕西省高职院校教师师资培训、陕西省中职学校"双师型"师资培训,陕西省中职学校 IHK 师资培训等 9 期,共培训 400 余人次,得到了参培院校的充分认可和高度评价。依托工业机器人实训基地、现代电气控制系统综合实训基地等条件优势,为 24 所省内高职院校提供了国赛赛前的技术服务与培训,高水平承办了"工业机器人技术应用""现代电气控制系统装调"等 3 个赛项的省级职业技能大赛,先后有 32 所高职院校的 168 支队伍来校参赛交流。通过多种形式的社会服务,服务产业与区域经济的能力不断增强。

顶层设计 书证融通
"三教"改革深化试点改革工作

"1+X"证书制度是职业教育改革的利器和手段,鼓励学生在获得学历证书的同时,积极取得各类职业技能等级证书,让其能够成为促进技术技能人才培养培训模式、评价模式改革以及提高人才培养质量的重要举措。根据教育部等四部门印发《关于在院校实施"学历证书+若干职业技能等级证书"制度试点方案》的通知精神和要求,我校按照"健全体制、提高标准、融合方案、突出三教、注重应用"的改革和建设思路,切实落实和推动"1+X"试点改革工作。

一、健全组织管理体系,完善"1+X"体制机制

进一步统筹和做好"1+X"试点和改革工作,全力保证"1+X"试点工作顺利实施。**一是成立了"1+X"改革工作领导小组。**组长由校长担任,教学副校长担任副组长,领导小组办公室设置在教务处,领导小组全面部署和审议"1+X"试点改革相关事项。依托二级学院成立8个工作组,组织17个工种所在的专业实施"1+X"证书制度试点,形成"1+8+17"的试点工作机构。**二是完善工作制度。**学校建立了《西安航空职业技术学院"1+X"试点改革工作指导意见》及《实施方案》等制度,进一步明确试点改革的方向、具体工作任务等事项。**三是建立了考核评价工作机制。**将"1+X"试点改革工作纳入学校部门考核及教学单位二级考核指标体系,突出了绩效导向,极大地调动二级单位及教师参与试点工作的主动性和积极性,全面推动"1+X"试点改革工作有序开展。

二、对接高端产业岗位,提高"1+X"建设标准

学校紧紧围绕专业面向和服务区域。按照"对接高端、产教融合、共建

共育、形成标准"的思路,积极推动"1+X"职业技能等级证书及标准建设。**一是深入企业开展调研**。为充分掌握企业发展、建设及岗位需求,结合专业及"1+X"试点改革工作需要,由校领导带队,针对全国100余家企业开展了调研,确定了合作意向和方向。**二是遴选优质合作企业**。在学校服务产业及企业领域内,遴选产业领域延伸长、企业技术先进、管理水平高的企业作为学校在"1+X"试点改革合作对象,共确定17家企业17个工种与学校开展"1+X"试点改革工作。**三是签订了合作共建协议**。学校严格按照教育部相关要求,将职业技能等级证书及标准、"三教"改革、培训等内容纳入合作协议,与华为技术有限公司、中船舰客教育科技(北京)有限公司、北京鸿科经纬科技有限公司、北京新奥时代科技有限责任公司等公司签订了合作协议,形成了"共建共育"融合发展建设的新局面。**四是产教深度融合机制**。依托区位优势,整合优势校内外资源,与全球第三大地理信息产品供应商"南方测绘集团"等全球知名企业在专项技术培训、共建实训基地、共建协同中心、共建工程技术中心、共同制定行业标准、共建产业学院以及共建高素质技术技能人才培养基地等方面开展合作,强化师资培养,推动科技服务能力建设,为"1+X"试点改革工作奠定了良好的基础。

三、坚持书证融通改革,完善"1+X"培养方案

将证书培训内容及要求有机融入专业人才培养方案中是"1+X"试点改革工作的关键。学校坚持"证书与岗位对接、教学内容与标准对接、毕业证书与职业能力等级对接"的工作思路,根据职业技能等级标准优化课程设置,及时将新技术、新工艺、新规范、新要求等纳入教学内容,使学历证书体现的专业教学内容基本覆盖对应职业技能等级证书标准,从而实现书证融通。**一是将"1+X"试点改革纳入人才培养方案指导意见**。要求各专业结合试点改革内容,重构课程体系。**二是将职业能力等级证书纳入毕业资格规定范畴**。明确毕业资格条件。**三是要注重"1+X"试点改革在学分银行改革中的应用**。学校积极构建专业与专业、课程与课程、课程模块之间、证书与证书之间的互通融通的关系与平台,为学分银行的试点奠定基础。

下面,以我校 Web 前端开发"1+X"证书试点专业为例,如图 62 所示。

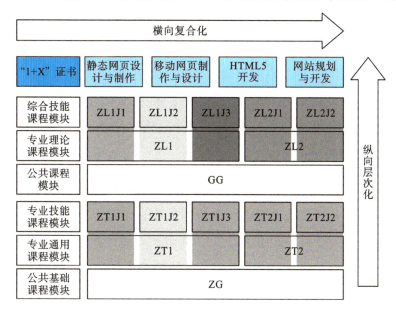

图 62 Web 前端开发"1+X"证书试点专业
"横向复合化、纵向层次化"的课程体系架构图

Web 前端开发"1+X"证书主要通过静态网页设计与制作、移动网页制作与设计、HTML5 开发、网站规划与设计等 4 个职业能力等级证书,将职业能力标准与人才培养标准融合,形成了"横向复合化、纵向层次化"课程体系和人才培养标准。学生通过"ZG-ZT1-ZT1J1"组合获得"学历证书+职业技能等级证书";通过课程 ZT1J2,可获得专业的第 2 张职业技能等级证书;通过"ZT2(部分)-ZT2J1"组合,获得跨专业的职业技能等级证书,甚至通过"ZL1(部分)-ZL1J1"的组合获得更高级别的技能等级证书。

四、不断深化"三教"改革,支撑"1+X"质量建设

"三教"是"1+X"试点改革工作的支撑和保障。**一是要构建校企人力资源共享机制**。学校依托深处航空城的区位优势,探索教产岗位互通、专兼教师互聘机制,多措并举打造"双师型"教师队伍,特别是围绕"1+X"证书课程模块,组建模块化的创新教学团队。**二是突出校企合作教材开发和改革**。教材方面要改变传统的开发方法和表现形式,校企双元合作开发立

体化、活页式教材,及时将新技术、新工艺、新规范纳入教材。按照实施方案,学校要完成建设 20 本活页式、工作手册式等新形态教材建设。**三是教学方法要突出以学生为中心**。学校统筹教育教学资源,加快信息化在教学中的应用,根据学生的特点在教育教学中广泛应用实时互动、移动学习等信息化教学模式,普及项目教学、案例教学,推广混合式教学、模块化教学等新型教学模式,促进学生自主、泛在和个性化学习。

五、持续开展职业培训,突出"1+X"培训效果

结合以上做法目前,学校严格按照实施方案,全面开展"1+X"试点工作。一是加强硬件投入。学校严格按照对标证书标准及培训需要,2019年以来,投入 2000 余万元用于"1+X"证书试点硬件建设,其中行业企业投入 1000 余万元,满足了试点改革工作的需要。二是强化师资培训。我校在 Web 前端开发(初级 中级 高级)、网店运营推广(中级)、工业机器人应用编程(中级)等三个工种完成了标准及资源建设,并开展了应用培训,100 余人次参加师资了培训。其他 14 个试点改革工种正在完成标准制定等工作。三是开展了学生职业技能认证工作。2020 年 7 月 6 日,我校开展了特殊焊接技术职业技能认证考试,取得了全国"1+X"特殊焊接技术初级理论考试第一名,初级理论考试通过率为 91.4%,中级理论考试通过率 100%的好成绩。四是产教融合成效显著。与中国人民解放军第 5720 工厂、亚太菁英等全球知名企业合作,积极开展专项技术教育和培训。与国内最大的以通用飞机研发制造、运营服务为主业的多元化公司——中航通用飞机有限责任公司成立了 1 个工程技术中心;与无人机、无人车、无人仓等技术的探索者——京东 X 无人系统研究院以及西安鑫旌航空科技有限责任公司成立 2 个协同创新中心;与中国人民解放军第 5702 工厂成立"航空维修技能大师工作室";另建有"西航职院—大疆无人机校企合作基地"校企合作基地;"西航职院—华为鲲鹏产业学院""西航职院—成都纵横无人机产业学院""西航职院—中国人民解放军 5702 产业学院""西航职院—南方测绘产业学院""西航职院—北京博导前程产业学院""西航职

院—吉利产业学院""西航职院—昆山学院"等7个产业学院;校企还共建了3个高素质技术技能人才培养基地。如学校与亚太菁英合作,校企共育五轴应用技术技能人才。企业投入1000余万元建成航空高端制造五轴应用技术服务中心,联合山高刀具、普惠刀柄、海克斯康三坐标测量等世界知名品牌企业及其工程师团队,为技术技能人才培养提供强有力的保障。目前,共开展3届178人次的培训。

西安航空职业技术学院作为"双高"建设院校,承担着国家《职业教育改革》率先落实并强化改革的排头兵的职责和责任,学校要坚持顶层设计保障改革、书证融通深化改革、三教改革支撑试点的思路,建立强有力的措施和政策,积极推进试点工作,坚持绩效导向,先行先试,创新驱动,才能确保试点改革工作取得实效。

第三部分 "双高"建设绩效小案例

党建引领　凝聚合力

西航职院始终坚持社会主义办学方向,努力做到将学校发展与国家发展同步同向,坚持党对一切工作的领导,强化党委"**把方向、管大局、作决策、保落实**"的领导核心作用,统筹推动党建育人、组织育人、文化育人、凝聚"双高"建设的全部力量。

一是建立"大党建"考核体系。 将党建和业务工作同部署、同推进、同考核。将"宣传思想及精神文明""基层组织建设""党风廉政建设""年度目标任务完成情况"等6个专项考核有机融合,设置考核指标体系。通过整合,实现了党建与业务工作的深度融合提升,改变了过去党建考核中多头考核、党建考核与业务考核结合不够紧密、考核针对性不强等问题,努力使党建工作和业务工作融为一体。

二是加强基层党支部标准化建设。 目前学校已形成党建"双创""校级—省级—国家级"培育创建体系,实现教师党支部书记"双带头人"全覆盖,获批全国"样板支部"3个,省级"标杆院系"1个、"样板支部"1个,省级以上创建单位数量在全省高职院校中居于首位,党建工作"标杆院系""样板支部"已成为推进"双高校"建设的重要基层组织力量。

三是改革干部"选育用管"机制。 突出政治标准,健全事业为上的选拔体系;优化梯次结构,健全干部素质培养体系;创新推行"**望闻问切**"四步工作法,精准考核研判,健全知事识人体系;坚持统筹规范,健全干部管理监督体系。综合运用"三项机制",对考核优秀和进步较大的中层干部授予荣誉称号、给予津贴奖励、予以提拔重用,考核结果靠后的干部取消晋升资格乃至退出干部序列,激励干部干事创业的积极性。

五育并举　标准引领　机制创新　试点先行

西航职院以立德树人为根本任务,实行五育并举;坚持标准引领,不断提升教学质量;重视机制创新,不断促进师生教与学的能力;开展"1＋X"试点,推进书证融通。

一是立德树人,五育并举。以立德树人为根本任务,将思想政治教育、课程思政、劳动教育、艺术教育等相关育人要求贯穿人才培养全过程,实行五育并举;以推行素质教育证书制度改革为抓手;以项目为载体,促进课程思政及思政课程建设全面覆盖。完成了《人才培养方案指导意见》的修订,出台了《大学生素质教育证书实施办法》,下发了《课程思政建设研究与实践专项任务》,开展了554项课程思政任务,3名教师获得省教育工委组织的思政课"大练兵""教学标兵"称号。

二是标准引领,保障质量。学校深化产教融合,将航空技术发展新标准、新规范引入专业标准和课程标准。首开无人机及飞机机电设备维修专业,通过主持、参与、输出标准,凸显专业品牌效应;通过搭建平台,增强对话,扩大专业影响。共主持、参与3项专业建设标准的制定,为加蓬共和国提供航空维修专业建设方案。通过校企共建产业学院、订单班、现代学徒制等模式,不断提升人才培养质量。学院现代学徒制专业达到4个,与中国人民解放军第5701、5702厂等焊工制造与维修企业开展订单班达到25个。

三是创新机制,提升能力。围绕"平台—课程—导师—成效"的理念,构筑"三位一体"的创新创业人才培养平台,构建了融于专业的创新创业课程体系,不断提升学生的创新精神、创业意识和创新能力。通过各级各类大赛,以赛促教、以赛促改、以赛促学,不断提升教师和学生的能力。获全国职业院校教学能力比赛国赛一等奖2项;2020年全年获得创新创业大赛省级及以上奖励22项,获奖数量位居全国高职第三,实现了陕西高职"金奖""优胜杯"零的突破。

四是试点先行,训育结合。积极开展"1+X"试点,将"1+X"试点与专业建设、课程建设、师资建设紧密结合,主动优化适应岗位的课程体系,优化课程体系,推进专业与职业技能等级证书有机衔接,申报17个职业技能等级证书,覆盖39个专业,面向3950名学生试点。

双高建设乘风破浪　科研成果再创新高

西航职院对接科技发展趋势,以技术技能积累为纽带,集人才培养、团队建设、技术服务于一体,资源共享、机制灵活、产出高效并促进创新成果与核心技术产业化。进一步提高专业群集聚度和配套供给服务能力,与行业领先企业深度合作共建创新平台,有效提升了科技创新社会服务能力。

一是优化科技服务机制。 基于学校科研基础、"双高"建设和提质培优对科研的要求,对标中省政策文件,制定科研工作规划,确立了科研工作方向。优化《西航职院横向课题管理办法》等制度,激发科研工作活力。2020年横向课题到账经费取得量的突破,从2019年的31.7万元增加到2020年的366.3万元。

二是完善成果转化机制。 积极响应破"五唯"文件精神,积极践行代表作制度,2020年度学校SCI、EI等检索论文、核心论文占比76.3%。授权发明专利数排陕西高职第一。获得陕西高等学校科学技术奖励成果三等奖1项。4项发明专利成功转让。

三是建设科技创新团队。 申报重大科研项目,推进项目人员平台协同发展。2020年度,学校教育部课题立项3项,居陕西高职第一位。陕西省自然科学基金项目主持4项,合作1项。服务地方专项项目主持1项,实现了零的突破。陕西高校青年创新团队获批2个。9位教师被认定为省级科技特派员。

"四齿联动" 打造无人机应用技术专业群

一是战略目标：一流引领，对标对表。 无人机应用技术专业群是"双高计划"全国布局的2个无人机高水平专业群之一，学校围绕"一加强五打造四提升"等10项重点建设内容，按照"引领消费级无人机、支撑工业级无人机、服务军用级无人机"的发展思路，推动无人机应用技术专业群高质量发展。以产业岗位所需能力和生产作业流程为依据，结合课程内容和教学条件，专业群形成了以无人机应用技术、机电一体化技术专业为核心，摄影测量与遥感技术、通用航空器维修专业为辅助支撑的架构，合力为无人机产业应用领域提供技术支撑。

二是主动作为：夯基垒台，攻坚突破。 以群建院，重新优化组合新通航学院，将原自动化学院机电一体化专业、电子学院航测专业划拨通航学院，将原通航学院机场运行专业划拨至航管学院。按照**"集群推进、交叉融合、课岗对接、书证融通"**的思路，制订了无人机专业群人才培养方案，实现了群内四个专业在课程体系方面的"底层共享、中层融通、高层互选"。书记校长带队，走访企业，跑要项目，通航学院与部分企业在高技能人才培养基地、产业学院、工程技术中心、院士工作站等方面达成了初步意向。

三是强化保障：目标导向，绩效考核。 在加快推进专业群建设同时，做好保障措施。首先，建立绩效管理体系，实现绩效评价、追赶超越、过程管理。其次，将任务逐级分解至每位教师，压实任务，努力做到发展没有局外人，千金重担一起担。再次，作为专业群的管理人员，通航学院领导班子，系统做好顶层设计和实践协同推进工作机制，全力做好服务工作。最后，依据学校考核绩效奖励办法，制定了通航学院的二级考核办法，建立以绩效目标为导向的保障机制,鼓励大家干事创业、积极作为。

四是深入思考:博采众长,共解难题。校校联合,校企合作,以校企合作为抓手,以开放共建为原则,与无人机专业群另一建设单位——天津现代等建立共建机制,并积极发动校内其他学院、其他部门老师承接"双高"建设任务,建立理论研究与实践探索一体化推进机制,共同把专业群建设任务压实压紧。体化推进重大项目和名师培养,要求群策群力,团队作业,以教学成果奖、科技进步奖的评审标准,设计好课题研究重点建设内容,在每个课题、每个项目的推进过程中,不断强化成果意识,不断强化系统推进意识,不断强化质量意识。

立体多元 精准培养 实施教师成长工程

学校不断加大教师培养工作力度,实施教师成长工程,针对教师成长不同时期发展需要,近年来,每年投入经费600万元用于教师培训,形成了"校本培训、企业锻炼、国内访学、海外研修"立体多元的教师培养培训体系。

一是强化青年教师培养。通过"结对子、搭台子、压担子"帮助青年教师快速成长。"结对子"是开展青年教师"导师制"培养工作,选聘教学经验丰富的教师担任新入职青年教师的导师,帮助青年教师尽快"过四关",即育人关、教学关、教研关、科研关。"搭台子"是搭建各类教师成长平台。按照"人人可成才、赛马不相马"的思路,通过搭建教学能力大赛、教师论坛、辅导员大赛等多个校内比赛平台,帮助优秀青年教师脱颖而出、快速成长。"压担子"就是加强青年教师培养期考核管理,要求青年教师在培养期内每学期听示范课不少于5次,参加各类校内比赛不少于1次,独立发表论文不少于1篇。

二是完善教师培训体系。学校每年建立20万元的校内讲座基金,邀请职业教育专家学者和技能大师来校讲学。组建校内讲师团,2020年上半年疫情防控期间,利用校内讲师团,举办线上教学能力提升公益讲座29场,推荐教师在第三方网络平台开展讲座15场,吸引校内外10余万人在线观看。修订了企业实践管理办法,通过明确任务、强化考核、确保企业实践锻炼实效。与浙江大学、同济大学、西安交通大学等国内顶尖高校联合开展了培训班,分批次、成建制对骨干教师、管理干部进行专题培训。加强挂职交流,先后选派17位优秀教师到外交部、教育部、团中央、省委教育工委、省教育厅等政府部门进行挂职锻炼。

三是提升师资队伍国际化水平。大力选派优秀教师和管理人员赴国(境)外研修访学,累计共组织各类人员赴国(境)外研修访学275人次。举办了"国际汉语教师研修班",对40名教师进行专项培训,为学校对外合作、"双语"教学做好人才储备。

"一体两翼三平台" 打造示范性职教集团

陕西航空职业教育集团,以服务航空为特色,以军民融合为重点,推动集团内部30余家企业形成了"一体两翼三平台"的运行模式,形成了"**政府推动、市场引导、企业出技、学校出智**"的多元主体模式,有力促进集团成员间资源开放、技术交流、人才共育,为陕西航空产业发展提供源源不断的技术技能人才,并在2019年入选教育部"示范性职业教育集团(联盟)培育单位"。

创新"一体两翼三平台"运行模式:集团以技术技能人才培养为主体,以技术服务和社会培训为两翼,打造"航空城职教联盟""企业家培训学院""集团专业建设指导委员会"3个校企合作平台。**一是充分发挥企业育人主体作用,推动集团内部人才高质量培养。**充分发挥西飞公司等全国航空龙头企业技术领先作用,近两年新成立订单班25个,校企联合培养1300余人。**二是校企联合开展技术服务和社会培训。**校企双方在横向课题、技术服务、企业接受学生实习、企业开展培训等方面展开全方位、深层次合作。**三是创建共赢新高地。**成立了"航空城职教联盟""西安阎良企业家培训学院",推动航空城区域技术、人才共享,促进校企强强联合,充分发挥名牌高校专业和辐射联动优势,创建了校地合作发展、企业家成长和产学研融合发展新高地。

构建"技教融合"航空特色育人模式:推动集团内部企业深度参与教学、教师、教材改革,充分发挥企业的人员、技术、场地、设备优势,解决航空类专业受国防安全等因素限制,教学内容等无法与航空企业最新技术、最新工艺对接难题。**一是建立千人航空师资库。**聘请企业高技术人才到集团内部学校兼职授课,将企业新技术、新工艺、新规范引入教学中。**二是校企共建专业 80 个,开展专业建设和课程共建。如西航职院和德润公司联合申报了全国首个无人机技术专业。**三是资源共享。**集团建立了"开放共享、成本核算"的资源共用机制,共享共用设备总值超 8 亿元。成员单位西飞公司将 80 台高端设备,按照成本价格核算开放。

依托优势　拓宽面向　加强培训　服务发展

学校面向本地区以及航空高技术产业基地的企事业单位,开展员工培训、技能培训、专业技术人员继续教育等工作,并承担了陕西省职教师资培训基地的工作。

一是整合优势资源,开展航空文化育人。与"航空基地"共建的航空科技馆成为西安市首批全运游十条精品旅游线路之一,服务线上线下看航空13.7万人次。学校《弘扬航空文化 培育"德技兼修"人才》文化成果被陕西省委教育工委评为全省高校校园文化建设优秀成果一等奖。

二是优化组织机构,开展多样培训。成立继续教育学院、国家航空产业基地培训学院,面向基地和渭北地区有学习提升需求的人员开展非全日制学历教育,2019—2020年招收非全日制学历教育学生236名。两年来,学校承接职业院校教师素质提升培训项目12个,开展各类培训150余场次,全年累计完成各类非学历培训7.9万人日。

三是助力脱贫攻坚,服务乡村振兴。学校按步骤落实《西安航空职业技术学院2018-2020"双百工程"实施方案》计划,与渭南市潼关县定点结对开展"双百工程",做精智力扶贫,投入20万元为潼关县职业中学援建无人机实训室,制订无人机应用技术专业教学计划;电子商务专业助力农村电商,"电子商务"产学研一体化基地成功获批省级示范基地。

业绩导向　两级考核　激发内生动力

学校强化顶层设计,坚持创新驱动,以师为本,深化业绩考核和激励机制,激励教师干事创业的积极性。

一是健全两级绩效考核机制。充分发挥绩效工资的杠杆作用,建立完善"多劳多得""优绩优酬"的绩效分配机制。实行统一分配与部门二级分配相结合的绩效工资分配制度,通过实施目标管理与考核,科学评价各单位工作业绩和管理效能,并将考核结果作为部门奖励绩效分配依据,进行二次分配。

二是设置质量工程和专项奖励。每年投入600万元,支持教育教学改革,对教书育人、各种大赛、教研科研成绩突出的教师给予奖励。出台了《专项工作奖励实施规定》,设立专项工作奖励基金和校长奖励基金,对在学校重点项目、重大建设任务中做出贡献的教职工进行专项奖励。

三是创新"双高"绩效管理机制。绩效考核针对全额完成任务的项目开展,任务完成后统一考核。检查形式主要是专项小组自查和项目办专项检查两种形式,年度任务融入党政对接计划,填写年度绩效表,形成年度自评报告。建设终期对项目进行总体评价和绩效考核,形成评价报告。

构建"33335"教育信息化建设与应用体系

学校紧跟"互联网＋教育"改革步伐,秉承"工学四合"理念,按照"产教融合、校地融合、军民融合"的"三融战略"规划,不断优化专业结构,坚持"三聚焦""三对接""三促进""三提升",规范教学管理,"政军行企校"五方并举,保障学校信息化建设及应用。

"三聚焦"构建航空特色人才培养体系。一是聚焦航空产业设置专业;二是聚焦工作过程制订人才培养方案;三是聚焦岗位标准建设线上线下课程。**"三对接"规范实习过程管理。**一是对接产业建设产业学院;二是对接标准规范过程;三是对接要求保障权益。**"三促进"育人质量提质增效。**一是规范制度促进效率提升;二是规范队伍促进服务水平提高;三是两级改革促进质量发展。**"三提升"促进社会声誉显著增强。**一是提升信息化教育教学质量;二是提升社会影响力;三是提升学生满意度。

"五方并举"保障教学信息化应用。"政军行企校"五方并举保障学校信息化建设及应用,一是统筹部署、分段实施,确保教学稳步推进;二是借力平台,培训先行,保障网课有序开展;三是按需设计、形式多样,精准实施线上教学;四是共享资源、助力网课,贡献西航职院力量。

突出国际合作交流　服务航空人才培养

一是健全体制机制，深化国际合作。健全完善体制机制，为国际合作交流提供保障。成立国际合作与交流处（港澳台办公室、国际教育学院）、人才工作办公室，实施"青年英才"计划，全面推动国际化纵深发展。累计派出教师100余名、领导干部10余人次赴海外培训学习。累计接待国（境）外来访团组130余人次。2020年，组织40余名教师参加"国际汉语教师研修"，参加《国际汉语教师证书》考试。

二是加强专业国际合作，提升人才培养质量。通过加强专业合作，引进国际优质职教资源，不断提升专业人才培养质量。与新加坡明康宇航集团联合培养航空维修技术人才，加入"《悉尼协议》应用研究高职院校联盟"，促进专业国际化认证，提升专业国际化水平。开展国际化人才订单培养。与航空产业基地、西安交通大学、太古飞机公司共建的培训中心，为国内外企业培养航空修理人才。与新加坡理工学院合作，依托学校优质的航空教育教学资源，累计接收120名新加坡留学生。

三是拓宽国际交流渠道，扩大国际影响力。持续推进项目交流、参加大赛等途径，促进学生国际理解力。学校自2010年开展赴美带薪实习项目以来，累计派出37名学生。承办了两次"中美未来职业之星联合研习营"西安站活动。参加各类国际技能大赛屡获佳绩。加强校企国际合作，增强国际服务能力。通过配合中国企业"走出去"，积极参与对外教育援助，先后为6名安哥拉共和国空中乘务员开展技能提升培训，为马里共和国20名职业教师开办研修班，选派教师赴赞比亚、肯尼亚为中资企业员工开展技能培训。被教育部确定为"人文交流经世项目"首批"经世国际学院"，成功入选第一批"智能制造领域中外人文交流人才培养基地项目"。

构建"三元三段三融"定向军士人才培养模式

学校坚持"多元主体、分段培养、渗透融合"的原则,为中国人民解放军空军、陆军培养定向军士。聚焦定向军士人才培养的关键要素与环节进行了全方位的改革与实践,创新出"三元三段三融"定向军士人才培养模式。

一是形成军民联合培养的"三元共育"协同育人机制。 在培养主体层面,充分发挥职业院校、军队指导院校、部队训练机构三方联合培养的优势,各方针对教学对接、联培联训、人才跟踪、信息反馈等方面建立专业指导委员会、定期会晤等运行机制,实现了分时期、分阶段、多措并举夯实定向军士人才培养工作。

二是优化符合职教特点的"三段衔接"人才培养路径。 在培养过程中,按照"系统培育、能力递进、全面渗透"的原则,三方充分发挥主体能动性,分三个阶段(2.5年+0.25年+0.25年)分别在职业院校、军队指导院校、部队训练机构进行军政基础与专业技能、军政素质强化及军士岗位实操的学习与训练,从而达到"三个标准"和"两个跨越",即达到高职学生毕业标准、入伍标准和军士考核标准,实现毕业学生向新兵、新兵向军士的跨越。

三是构建军民融合特色的"三个融合"教学与管理模式。 在培养目标层面,将专业素养与军政素质有机融合;在课程体系与内容中,将贯彻国家高职专业教学标准与部队军士岗位标准有机融合;在管理和运行中,实现高职教育管理模式与部队军事化管理模式的有机融合,夯实了定向军士的军政素质和专业技能,着力为部队培养"政治合格、诚实守信、技能过硬、身心健康"的"准军士"。

通过人才培养模式的创新,两年来,学校为部队培养了飞机电子设备维修、飞行器制造技术、无人机应用技术等5个专业共1000余名军士生,在国防建设、演训作战一线发挥了生力军作用。学校获"全国国防教育特色学校"等荣誉。